슈리 라마나 기타

Sri Ramana Gita

Published by V.S. Ramanan
President, Board of Trustees,
Sri Ramanasramam, Tiruvannamalai
606 603, India
Phone 91-04175-222491, 223292
9th Edition
Copyright © Sri Ramanasramam

Korean translation copyright © 2006, Sri Krishnadass Ashram
Published under agreement with Sri Ramanasramam

이 책의 한국어판 저작권은 Sri Ramanasramam의 허락으로 슈리 크리슈나다스 아쉬람에 있습니다. 저작권법에 의해 보호받는 저작물이므로 책 내용의 전부나 일부를 무단 전재하거나 복사하는 것은 허용되지 않습니다.

슈리 라마나 기타
SRI RAMANA GITA

슈리 라마나 마하리쉬 지음 | 가나파티 편집 | 김병채 옮김

 슈리 크리슈나다스 아쉬람

विषयानुक्रमणिका

अध्यायः अध्यायनाम

१. उपासनप्राधान्यनिरूपणम्
२. मार्गत्रयकथनम्
३. मुख्यकर्तव्यनिरूपणम्
४. ज्ञानस्वरूपकथनम्
५. हृदयविद्या
६. मनोनिग्रहोपायः
७. आत्मविचाराधिकारितदङ्गनिरूपणम्
८. आश्रमविचारः
९. ग्रन्थिभेदकथनम्
१०. सद्गुविद्या
११. ज्ञानसिद्धि-सामरस्यकथनम्
१२. शक्तिविचारः
१३. सन्न्यासे स्त्रीपुरुषयोस्तुल्याधिकारनिरूपणम्
१४. जीवन्मुक्तिविचारः
१५. श्रवण-मनन-निदिध्यासननिरूपणम्
१६. भक्तिविचारः
१७. ज्ञानप्राप्तिविचारः
१८. सिद्धमहिमानुकीर्तनम्
    अनुबन्धः १
        अरुणाचलपञ्चरत्नम्
    अनुबन्धः २
        मन्त्रोद्धारः

차 례

서문: 산스크리트 서문의 번역	 8
제5판 서문	 12
초판과 제2판 서문	 13
초판 머리말	 15
라마나 기타 강가	 19
제1장 우파사나의 중요성	 23
제2장 세 가지 길	 33
제3장 지고의 과업	 39
제4장 갸나의 본질	 47
제5장 가슴의 과학	 53
제6장 마음의 통제	 63
제7장 자기 탐구	 69
제8장 삶의 단계	 81
제9장 매듭의 단절	 89
제10장 사회	 99
제11장 갸나와 시디들의 양립성	 107
제12장 삭디	 119
제13장 여자와 산야사	 135
제14장 지반묵티	 141
제15장 스라바나, 마나나, 니디디야사나	 151
제16장 박티	 159
제17장 갸나의 성취	 167
제18장 시다들의 영광	 175

उपोद्घातः

अयं च ग्रन्थः कालेऽस्मिन् जीवत एव महात्मनो भगवतः शोणाचलवासिनो रमणस्य महर्षेरुपदेशरूपः । अत्र विषयास्तु सुधीभिर् ग्रन्थमालोड्य स्वयमेव विज्ञेया इति न तत्रास्माभिरत्रोपोद्घाते प्रस्तावः क्रियते । अयमेव ग्रन्थो महतो योगशास्त्रस्य सूत्रप्रायः । तस्य पुनः सङ्ग्रहः केन वा कर्तुं पार्यते । एतावद्वक्तुं शक्यं मन्त्रयोगराजयोगज्ञानयोगभक्तियोगानां रहस्यानि निपुणमत्र निरूपितानि ।

एष च ग्रन्थ उपदेष्टुर्महतो नाम्ना रमणगीता इति रमणगीतेति च व्यवह्रियते ।

यथा भगवद्गीतासु भगवान् वासुदेव उपदेष्टा भगवान् कृष्णो द्वैपायनस्तदनुसारेण ग्रन्थनिबन्धकस्तथात्र महात्मा रमणमहर्षिरुपदेष्टा वासिष्ठगणपतिमुनिस्तदनुसारेण ग्रन्थनिबन्धकः । अयमत्र विशेषः । बहवोऽत्र प्रष्टारः । ग्रन्थकारश्च प्रष्टॄणामन्यतमः ।

सेयं च प्रश्नोत्तरमाला नैकस्मिन् दिने निर्वृत्तेति ग्रन्थकारकृतसंवाददिनप्रदर्शनैः स्पष्टेति न वयं पुनरत्र प्रस्तुमः ।

प्रष्टुः प्रश्नकरणसमये महात्मन उत्तरदानसमये स्वतंत्रोपन्याससमये च ग्रन्थकारः सन्निहितस्तस्मिन्नेव काले तानंशान् श्लोकीकृतवानिति स्पष्टं विज्ञायते ।

स्वप्रश्नेषु स्पष्टमस्मच्छब्देनात्मानं ग्रन्थकारो निर्दिष्टवान् । द्वितीयाध्याये द्वितीय-श्लोकस्तु स्वयं महर्षिरेव निबद्धवान् । ग्रन्थकारस्तु तस्मिन्नध्याये शिष्टैः श्लोकैर्विषयविभागमेव कृतवांस्तस्य श्लोकस्य ।

पञ्चमषष्ठाव्यायौ भगवतो महर्षेः स्वतंत्र उपदेशः । अध्यायान्तरेषु प्रश्नानु-सारीण्युत्तराणि ।

अथोपदेष्टारं निबन्धकं चाधिकृत्य यथाज्ञातं किञ्चिदभिधाय विरमामः ।

उपदेष्टा भगवान् रमणमहर्षिः प्रमाथिवर्षे धनुर्मासे पुनर्वसुनक्षत्रे भूम्यामुदितः ।

दुर्मुखिवर्षे सिंहमासे केवलमीश्वरानुग्रहात्साक्षात्कृतात्मतत्त्वो गृहान्विसृज्य शोणाचल-मागत्य नित्यसहजात्मानिष्ठावानद्यापि जेजीयते ।

अयं च पराशरगोत्रोद्भवस्य पाण्ड्यमण्डलान्तर्गतातिशूलपुरवासिनः सुन्दरशर्मणो ब्राह्मणवरस्य सौन्दर्याम्बायां प्रादुर्भूतः । ब्रह्मचर्यादेव परमहंसोऽभवत् ।

यदुपदिशति महर्षिरयं न तच्छास्त्राविचारणबलमनुमानप्रमाणबलं वावलम्ब्य । यत्स्वयमनुभवति पश्यति वान्तर्ध्यानदृष्ट्या तदेवोपदिशति । त्रिमतस्थैरपि बहुभिरेष गुरुत्वेनाराध्यते ।

एतं च नित्यसहजात्मानिष्ठागारिष्ठं महर्षिं प्रायोऽस्य शिष्याः सुधियो भगवद्दुहांशसम्भूतं मन्यन्ते । तदन्तेवासिवरो ग्रन्थकारोऽपि तथैव गुरुं स्तुतवान् । ज्ञानदृष्ट्यैकगम्यत्वादस्य विषयस्य नात्र वयं किञ्चिन्निरूपयितुं शक्नुमः । वयमप्यत्र विश्वासवन्त इत्येव वक्तुं शक्यते ।

ग्रन्थकारो गणपतिमुनिस्तु वसिष्ठगोत्रोद्भवस्य विशाखपत्तनमण्डलान्तर्गत कुमुदोपलवासिनो नरसिंहशास्त्रिणः पुत्रः । बहुधान्यवर्षे वृश्चिकमासे मखानक्षत्रे भूम्यामुदितः । प्लवङ्गवर्षे महर्षेः शिष्योऽभवत् । स एष महान् तपस्वी गत धातृ-श्रावण-शुद्धसप्तम्यां कीर्तिशेषोऽभवत् ।

वस्तुतोऽस्य ग्रन्थस्य विचारको निष्कल्मष-योगमार्गाभिज्ञः स्यादित्यत्र संशयो न लेशतोऽप्यस्ति । अस्य मुद्रापणं जिज्ञासूनां युञ्जतां च महते भवत्युपकारायेति निर्विवादम् ।

इति,
सज्जनचरणाराधकः

서문

산스크리트 서문의 번역

이 책은 아루나찰라(티루반나말라이)에서 갸나(jnāna)[1]의 체현된 빛으로 빛나시는 바가반 슈리 라마나 마하리쉬의 가르침을 모은 것이다. 지성적인 독자들이 가르침의 내용을 스스로 공부하고 이해하기를 바라는 마음에서 이 서문에서는 가르침을 별도로 설명하지 않는다. 이 작품은 위대한 과학인 요가의 경구 형식을 취하고 있다. 누가 그것을 이보다 더 잘 요약할 수 있겠는가? 우리는 단지 만트라 요가(Mantra Yoga), 라자 요가(Raja Yoga), 갸나 요가(Jnāna Yoga), 박티 요가(Bhakti Yoga)의 비밀들이 여기에 훌륭하게 드러나 있다고 말할 수 있을 뿐이다.

이 책의 제목은 위대한 스승(슈리 라마나)의 이름을 따서 『슈리 라마나 기타(Sri Ramana Gita)』라고 붙여졌다.

『바가바드 기타』의 경우, 바가반 바수데바가 스승이고 그를 따르던 바가반 크리슈나 드와이파야나가 편집자이듯이, 여기에서도 바가

---

1) 참지식.

반 슈리 라마나 마하리쉬는 스승이며 그를 따르던 바시슈타 가나파티 무니가 이 책의 편집자이다. 그러나 한 가지 차이점이 있다. 여기에는 많은 질문자들이 있으며, 편집자 또한 그들 가운데 한 명이다.

이 책에 수록된 질문과 대답들이 어느 하루에 이루어진 것이 아니라는 것은 각각의 대화마다 편집자가 명기한 날짜를 보면 분명히 알 수 있다. 또한 질문자들이 질문하고 슈리 바가반이 대답하거나 자진하여 가르침을 주었을 때, 편집자가 그 자리에 있었고 그 내용을 즉석에서 슬로카(slokas)[2]로 옮겨 적었다는 것은 명백히 이해될 수 있을 것이다.

편집자는 자신의 질문에는 일인칭 대명사인 '나'를 사용하여 다른 질문들과 분명히 구분하였다. 제2장의 두 번째 시는 슈리 바가반이 직접 지은 것이다. 편집자는 그 장의 나머지 시들을 통해서 그 시의 내용을 분석하였다.

제5장과 제6장은 바가반 슈리 마하리쉬의 가르침이다. 다른 장들에서는 질문이 나오고 대답이 뒤따른다.

스승인 바가반 슈리 라마나 마하리쉬는 프라마티(Pramathi) 해, 다누스(Dhanus)[3] 달에 푸나르바수(Punarvasu) 별 아래에서 태어났다.[4] 그리고 두르무키(Durmukhi) 해, 심하(Simha)[5] 달에 순전히 신의 은

---

2) 산스크리트 시구.
3) 궁수자리.
4) 1879년 12월 30일.
5) 사자자리.

총으로 참나 깨달음에 이르렀으며, 그리고 집을 떠나 아루나찰라에 도착하였다.[6] 그는 참나 안에 끊임없이 그리고 자연스럽게 거주하며 이곳에 여전히 빛나고 있다.[7]

그는 판디야(Pandya) 지방의 트리술라푸라(Trisulapura)[8]에서 파라사라(Parasara) 집안의 뛰어난 브라민인 슈리 순다람 아이어(Sri Sundaram Iyer)와 알라감말(Alagammal) 부부 사이에서 태어났다. 그는 소년 시절에 브라마차리야스라마(Brahmacharyasrama)에서 곧바로 파라마함사(Paramahamsa)[9]가 되었다.

슈리 마하리쉬가 가르친 것은 경전 학습이나 아누마나(anumāna)[10], 프라마나(pramāna)[11]에 의존한 것이 아니다. 그는 오로지 스스로 경험한 것이나 내면의 명상의 눈으로 직접 본 것만을 가르쳤다. 그는 세 종파(Advaita, Dwaita, Visishtādwaita)에 속한 많은 사람들에게 구루(Master)로 존경을 받았다. 수많은 깨달은 제자들은 끊임없고 자연스럽게 참나 안에 거주하며 빛나는 슈리 마하리쉬를 신 구하(스칸다)의 화신으로 여겼다. 그의 제자들 가운데 으뜸인 편집자 자신도 스승을 그와 같은 분으로 찬미하였다. 영적인 통찰력을 통해서만 알 수 있는 것을 증명할 능력이 우리에게는 없다. 우리가 말할 수 있

---

6) 1896년 9월 1일.
7) 슈리 바가반은 1950년 4월 14일에 브라마 니르바나(Brahma-nirvana)에 들었다.
8) 티루줄리.
9) 지고의 현자.
10) 논리적인 추론.
11) 과거의 권위자.

는 것은 단지 우리도 그렇게 믿는다는 것뿐이다.

편집자인 슈리 가나파티 무니는 비사카파트남 지방의 쿠무도팔라(칼루바라이)에 거주하는 바시슈타 집안의 슈리 나라심하 샤스트리의 아들이다. 그는 바후다니아(Bahudhānya) 해, 브리스치카(Vrischika)[12] 달에 마카(Makha) 별 아래에서 태어났다.[13] 그리고 플라방가(Plavanga) 해에 슈리 마하리쉬의 제자가 되었다.[14] 이 위대한 수행자는 다트루(Dhātru) 해, 밝은 반달이 뜬 스라바나(Sravana) 달의 제7일에 영원한 빛 속으로 잠겼다.[15]

이 작품을 진지하게 연구하는 사람은 요가의 길에 대한 선명한 지식을 얻게 될 것이라는 점은 의심의 여지가 없다. 이 책의 출판은 참지식을 찾는 사람들과 요가 수행자들에게 분명히 무한한 도움이 될 것이다.

헌신자들 중의 헌신자

---

12) 전갈자리.
13) 1878년 11월 17일.
14) 1907년 11월.
15) 1936년 7월 25일.

제5판 서문

『슈리 라마나 기타』의 영문 초판은 『슈리 라마나 마하리쉬와의 대화』의 저자인 슈리 무나갈라 벤카타라미아(Sri Munagala Venkataramiah)[1]가 번역하여 1935년에 출간되었다.

제2판은 데이비드 맥 아이버(David Mc Iver)의 도움을 받아 개정되었고 1946년에 출간되었다.

1959년에는 수바라마이야(G.V. Subbaramayya) 교수가 새롭게 번역하고 산스크리트 원본을 포함시킨 판본이 출간되었다. 그리고 1966년에는 슈리 크리슈나 빅슈(Sri Krishna Bhikshu)가 번역하고 역시 산스크리트 원본을 수록한 다른 번역본이 출간되었다.

현재의 번역본을 준비하면서 슈리 비스바나타 스와미(Sri Visvanatha Swami)와 스와미나탄(K. Swaminathan) 교수는 이전의 모든 번역본과 슈리 카팔리 샤스트리(Sri T. V. Kapali Sastri)의 산스크리트 주석서(1946)를 참조했으며, 산스크리트 원본에 가장 가까운 영어 번역을 위해 노력했다.

---

1) 나중에 스와미 라마난다 사라스와티가 됨.

초판과 제2판 서문

책 제목을 『슈리 라마나 기타』라고 정한 이유는 이 책이 슈리 라마나 마하리쉬의 가르침을 담고 있기 때문이다. 이 가르침들은 서로 다른 시기에 그때그때 모인 제자들에게 전해진 것들이다. 제2장의 두 번째 시구(詩句)는 슈리 바가반이 직접 지은 것이다. 나머지 대부분은 경건하며 탁월한 학자인 슈리 카브야칸타 가나파티 무니가 현인의 가르침을 편집한 것이다. 그는 이해하기 어려운 심오한 내용을 우아하고 유연하며 운율에 맞춘 산스크리트 형식으로 명료하게 풀어냄으로써 세상에 혜택을 주었다. 스승을 공경하는 태도와 어려운 주제를 능숙하게 다루는 그의 능력은 감탄을 자아내게 할 뿐만 아니라, 이 작품을 이런 종류로 가장 유명한 고대의 작품들과 같은 수준 위에 올려놓았다. 세상에는 수많은 기타(Gita)들이 있다. 이 가운데 『아바두타 기타(Avadhuta Gita)』와 『아슈타바크라 기타(Ashtavakra Gita)』, 『리부 기타(Ribhu Gita)』는 비할 데 없이 가장 높은 반열에 속한다. 이 기타들에 대한 해설은 해설자의 깨달음을 통해서만 가능하다. 『슈리마드 바가바드 기타(Srimad Bhagavad Gita)』는 가장 널리 알려져 있으며 당연히 그럴 만한 가치가 있다.

『슈리 라마나 기타(Sri Ramana Gita)』는 현대의 탐구자들의 모든 필요에 부응하고 의심들을 풀어 주는 주제와 내용을 다루며, 이 주제의 일부에서는 상세한 부분들까지 들어간다는 점에서 고유하다. 영적 가슴과 마음 제어 방법을 강조한다는 점에서도 독특하다. 더욱이 스승은 자신이 직접 경험한 바를 말하고 있으므로 이것은 이 가르침들이 확실하다는 증거가 될 것이다.

초판 머리말

이 책 『슈리 라마나 기타』에서 라마나 마하리쉬가 직접 지은 시구는 하나뿐이지만, 이 작품 전체는 그의 형언할 수 없는 현존에 의해 직접적인 영감을 받은 것이다. 이 작품은 단지 그의 생각을 말한 것이 아니다. 왜냐하면 이 '현존'은 향후 몇 년 안에 아루나찰라의 깨달은 자, 라마나 마하리쉬로 알려질 현현 전체를 포함하기 때문이다.

이 『슈리 라마나 기타』는 본질상 실제적인 안내서이다. 여기에 있는 단순한 가르침을 따른다면, 참나 깨달음을 추구하는 구도자는 분명코 다른 방법들을 통하는 것보다 더 빨리 그것을 찾을 것이다.

그러나 이것은 그러한 성취가 지극히 어렵지 않다는 말이 아니다. 확고한 의지와 최고의 마음 집중이 요구된다. 만약 이 생에서 천 명 가운데 한 명이 성공한다면, 나머지 사람들은 다음 생들에서 자기 자신을 깨닫게 될 것이다.

일반적인 경우와 달리 여기에서는 한마디 말도 낭비되지 않지만, 우리는 궁극의 목표인 참나 깨달음을 달성하려면 어디에 어떻게 집중해야 하는지를 즉시 들을 수 있다.

참나이며 '나-나'인 영적 가슴이 가슴의 왼쪽이 아니라 오른쪽에 있다는 말을 들으면 생리학자들은 놀랄 것이다.[1] 여기에서는 이 주제에 대해 과학적인 방식으로 논의하지 않는다.[2] 마하리쉬는 한결같이 빛나는 이 영적 가슴을 그곳에서 보아 왔고 지금도 보고 있다. 이 사실은 진지한 구도자의 마음에 절대적인 확신을 주기에 충분할 것이다. 그는 자신의 몸 어디로 깊이 뛰어들어야 하는지를 알 것이다. 비록 육체의 일부에 불과한 그 부분은 빛나는 중심이라는 의미에서 그의 확신을 확인해 줄 것을 아무것도 드러내지 않을 것이라는 점을 잘 알고 있지만 말이다.

이 책에는 많은 실제적인 질문들과 답변들이 실려 있다. 불필요한 논쟁을 피하고 목표를 향해 곧장 가기를 원하는 사람에게는 진정 본질적인 것이 하나도 빠뜨려지지 않는다. 본질적인 모든 것은 다음의 문장에서 다루어진다.

---

1) 참조, "현자의 가슴은 오른쪽에 있지만, 어리석은 자의 가슴은 왼쪽에 있다."
   Ecclesiastics X-2
2) 그러나 최근의 생리학 논문들은 가슴의 8분의 1가량이 가슴의 오른쪽에 위치한다고 한다.

"세상은 바로 마음이다. 마음은 바로 진정한 가슴이며, 그것이 전체 진리이다."

그러나 이런 말은 물론 설명이 필요하며, 이 책『슈리 라마나 기타』는 필요한 설명을 제공하고 있다.

다른 신성한 책들과 비교하는 것은, 내게는 그런 일이 많이 일어났는데, 여기에서는 대체로 부적절해 보인다. 이 기타에 영감을 불어넣은 존재는 아직 살아 있고[3] 깨어 있으며, 다가가기 쉽고, 그의 현존을 통해서 그리고 구도자의 어떤 질문에도 대답을 줌으로써 이루 말할 수 없는 은혜를 기꺼이 베풀고 있다. 무엇이 더 필요하겠는가? 수많은 그의 동포들이 아루나찰라를 찾았으며, 몇몇 유럽인들도 가르침을 받았다. 만약 아스라맘을 방문할 수 있는데도 미루는 사람들이 있다면, 그들은 미래의 삶에서 자기 자신만을 탓해야 할 것이다.

아마도 세계 역사상 지고의 진리이자 실재(Sat)로서 이렇게 많은 대중이 쉽게 다가갈 수 있는 장소에 머물렀던 존재는 없을 것이다. 과거에는 온갖 종류의 난관과 위험들을 극복해야 했다. 그러나 이제는 자신의 특별한 공덕이 없어도 우리는 지금 여기에서 실재에

---

3) 바가반 라마나는 1950년 4월 14일에 브라마 니르바나(Brahma-nirvana)에 들었다. 그러나 그의 현존은 오늘날까지도 그의 아스라맘에 있는 모든 사람들에 의해 강력하게 느껴지고 있으며, 앞으로도 영원히 그러할 것이다.

다가갈 수 있다. 유일한 어려움은 멀리 여행을 해야 한다는 것이다. 위험은 없으며, 보답은 참나 지식이다.

이 이상 더 무언가를 얘기한다면 사족에 불과할 것이다. 참나 외에는 아무것도 없기 때문이다.

그란트 더프(Grant Duff)

애시니엄,

폴 몰, 런던,

1935년

라마나 기타 강가

गलन्ती गङ्गेयं विमलतर-गीतैव महतो
नगाधीशाच्छ्रीमद्रमणमुनिरूपाज्जनिमती ।
पथो वाणीरूपाद् गणपतिकवेर्भक्तहृदयं
समुद्रं संयाति प्रबलमलहारिण्यनुपदम् ॥

존엄한 산인 슈리 라마나로부터 솟아나 가나파티 시를 통하여 흐르는 이 순수한 강인 순수한 강가, 슈리 라마나 기타는 모든 단계에서 불순함을 제거하고 난 뒤에 헌신자의 가슴이라는 바다에 이른다.

பதந்தொறும் பொல்லாவினை யொழிக்குந் தூய்மை மிகு கீதையாம் இக்கங்கை, ஸ்ரீரமண முனிவரெனும் உயர்மலையரசினின் றுதித்துக் கணபதிகவியின் வாக்குருவ வழியொழுகி அன்ப ருளக்கடல் சேர்வதாம்.

슈리 라마나 기타

श्रीरमणगीता

제1장
우파사나[1]의 중요성

प्रथमोऽध्यायः
उपासनप्राधान्यनिरूपणम्

---

1) 영적 수행을 하는 동안에 얻게 되는 (참나의) 자연스러운 상태의 경험. 글자 뜻 그대로의 의미는 '가까이에 앉음'임.

महर्षिं रमणं नत्वा कार्तिकेयं नराकृतिम् ।
मतं तस्य प्रसन्नेन ग्रन्थेनोपनिबध्यते ॥ १

ईशपुत्रशके रामभूमिनन्दधरामिते ।
एकोनत्रिंशद्दिवसे द्वादशे मासि शीतले ॥ २

उपविष्टेषु सर्वेषु शिष्येषु नियतात्मसु ।
भगवन्तमृर्षिं सोऽहमपृच्छं निर्णयाप्तये ॥ ३

प्रथम: प्रश्न:
सत्यासत्यविवेकेन मुच्यते केवलेन किम् ।
उताहो बन्धहानाया विद्यते साधनान्तरम् ॥ ४

द्वितीय: प्रश्न:
किमलं शास्त्रचर्चैव जिज्ञासूनां विमुक्तये ।
यथा गुरूपदेशं किमुपासनमपेक्षते ॥ ५

1. 나는 인간의 모습으로 있는 카르티케야(Kartikeya)[2]이신 마하리쉬 라마나에게 절을 올리고 그의 가르침을 이 빛나는 작업에 담도록 한다.

2, 3. 서기 1913년 추운 계절인 12월 29일에 모든 제자들이 경청의 자세로 둘러앉아 있을 때 나는 바가반 마하리쉬에게 몇 가지 질문을 하고는 이에 대한 답을 달라고 청하였다.

첫 번째 질문
4. 실재와 비실재 간의 식별로 해방을 오게 하기에 충분합니까? 아니면 굴레를 끝내기 위한 다른 영적 수행 방법이 있습니까?

두 번째 질문
5. 해방에 이르고자 하는 구도자들은 경전 공부만으로 충분합니까? 아니면 스승의 가르침에 따라 영적 수행을 해야 합니까?

---

2) 쉬바의 아들 스칸다. 인간 몸으로 있는 신성이자 참나의 탁월한 스승. 찬도기야 우파니샤드에는 카르티케야가 사나타쿠마라로 언급되고 있는데, 그는 위대한 현자 나라다에게 브라만의 지식을 전함.

तृतीय: प्रश्न:

स्थितप्रज्ञ: स्थितप्रज्ञमात्मानं किं समर्थयेत् ।
विदित्वा परिपूर्णत्वं ज्ञानस्योपरतेरुत ॥ ६

चतुर्थ: प्रश्न:

ज्ञानिनं केन लिङ्गेन ज्ञातुं शक्ष्यन्ति कोविदा: ।

पञ्चम: प्रश्न:

ज्ञानायैव समाधि: किं कामायाप्युत कल्पते ॥ ७

षष्ठ: प्रश्न:

कामेन योगमभ्यस्य स्थितप्रज्ञो भवेद्यदि ।
सकामोऽमुष्य साफल्यमधिगच्छति वा न वा ॥ ८

एवं मम गुरु: प्रश्नानाकर्ण्य करुणानिधि: ।
अब्रवीत्संशयच्छेदी रमणो भगवानृषि: ॥ ९

세 번째 질문

6. 의식에 자리 잡고 있는 사람은 자신이 그러하다는 것을 어떻게 압니까? 자신의 지식의 풍부함을 자각하고 있기 때문입니까? 아니면 대상에 대한 자각이 멈추기 때문입니까?

네 번째 질문

7. 갸니를 알아볼 수 있는 징표에는 어떤 것이 있습니까?

다섯 번째 질문

가슴에 마음이 의식적으로 잠기는 사마디(samādhi)[3]는 지식만 일어나게 합니까? 아니면 갈망 또한 충족시켜 줍니까?

여섯 번째 질문

8. 갈망을 충족시키기 위하여 요가를 수행하고 있는 사람이 의식에 자리 잡게 되면, 그 갈망 또한 충족됩니까? 그렇지 않습니까?

9. 이런 질문을 들으시고 저의 스승이시면서 은총의 보고이신 바가반 슈리 라마나 리쉬께서는 저의 의심들을 쫓아내시고자 다음과 같이 말씀하셨다.

---

3) 참나, 의식, 영적인 가슴에의 마음의 의식적인 몰입.

प्रथमप्रश्नस्योत्तरम्

मोचयेत्सकलान्बन्धानात्मनिष्ठैव केवलम् ।
सत्यासत्यविवेकं तु प्राहुर्वैराग्यसाधनम् ॥ १० ॥

सदा तिष्ठति गम्भीरो ज्ञानी केवलमात्मनि ।
नासत्यं चिन्तयेद्दिश्यं न वा स्वस्य तदन्यताम् ॥ ११ ॥

द्वितीयप्रश्नस्योत्तरम्

न संसिद्धिर्विजिज्ञासोः केवलं शास्त्रचर्चया ।
उपासनं विना सिद्धिर्नैव स्यादिति निर्णयः ॥ १२ ॥

अभ्यासकाले सहजांस्थितिं प्राहुरुपासनम् ।
सिद्धिं स्थिरां यदा गच्छेत्सैव ज्ञानं तदोच्यते ॥ १३ ॥

첫 번째 질문에 대한 답

10. 참나 안에 머무는 것만이 그 사람을 모든 굴레로부터 해방시킨다. 실재와 비실재 간의 식별은 일시적인 것들에 대한 혐오로 나아가게 한다.

11. 깊이를 알 수 없는 존재인 갸니(jnāni)[4]는 참나 안에만 항상 있다. 그는 우주를 비실재라고 생각하지 않으며 자신과 다른 것이라고도 보지 않는다.

두 번째 질문에 대한 답

12. 진리를 구하고자 하는 이들은 경전을 비판적으로 공부하는 것만으로는 목표에 이르지 못한다. 영적 수행이 없이는 목표는 이루어지지 않는다. 이것은 확실하다.

13. 영적 수행을 하는 동안에 오는 (참나의) 자연스러운 상태의 경험을 우파사나라 한다. 그 상태가 확고하고 영구히 되었을 때를 갸나라 한다.

---

4) 참나를 아는 자.

विषयाँत्सम्परित्यज्य स्वस्वभावेन संस्थिति: ।
ज्ञानज्वालाकृति: प्रोक्ता सहजा स्थितिरात्मन: ॥ १४

तृतीयप्रश्नस्योत्तरम्

निर्वासनेन मौनेन स्थिरायां सहजस्थितौ ।
ज्ञानी ज्ञानिनमात्मानं निस्सन्देह: समर्थयेत् ॥ १५

चतुर्थप्रश्नस्योत्तरम्

सर्वभूतसमत्वेन लिङ्गेन ज्ञानमूह्यताम् ।

पञ्चमप्रश्नस्योत्तरम्

कामारब्धस्समाधिस्तु कामं फलति निश्चितम् ॥ १६

षष्ठप्रश्नस्योत्तरम्

कामेन योगमभ्यस्य स्थितप्रज्ञो भवेद्यदि ।
स कामोऽमुष्य साफल्यं गच्छन्नपि न हर्षयेत् ॥ १७

इति श्रीरमणगीतासु ब्रह्मविद्यायां योगशास्त्रे रमणान्तेवासिनो
वासिष्ठस्य गणपतेरुपनिबन्धे उपासनप्राधान्यनिरूपणं नाम प्रथमोऽध्याय:

14. 감각 대상들을 완전히 버린 후에, 갸나의 불꽃인 자기 자신의 진정한 본성에 머무는 것을 자연스러운 상태라 한다.

세 번째 질문에 대한 답
15. 모든 경향성들로부터 자유로운 마음의 침묵을 통하여, 자신의 자연스러운 상태에 머물고 있는 아는 자는 아무런 의심이 없이 자신이 그러하다는 것을 안다.

네 번째 질문에 대한 답
16. 모든 존재들을 향하여 평등함을 나타내면, 그 사람을 아는 자라고 할 수 있을 것이다.

다섯 번째 질문에 대한 답
17. 욕망을 지니고 요가 수행을 한 사람이 만약 참나의 희열에 들게 된다면, 비록 그 욕망이 충족되더라도 우쭐해 하지 않을 것이다.

　이것은 라마나의 제자인 바시슈타 가나파티가 기록한 브라만의 과학이자 요가 경전인 슈리 라마나 기타에 있는 '우파사나의 중요성'이라는 제목의 제1장이다.

제2장
세 가지 길

द्वितीयोऽध्यायः
मार्गत्रयकथनम्

ईशपुत्रशके बाणभूमिनन्दधरामिते ।
चातुर्मास्ये जगौ सारं सङ्गृह्य भगवानृषिः ॥ १

"हृदयकुहरमध्ये केवलं ब्रह्ममात्रं
ह्यहमहमिति साक्षादात्मरूपेण भाति ।
हृदि विश मनसा स्वं चिन्वता मज्जता वा
पवनचलनरोधादात्मनिष्ठो भव त्वम्" ॥ २

श्लोकं भगवतो वक्त्रान्महर्षेरिममुद्धृतम् ।
श्रुत्यन्तसारं यो वेद संशयो नास्य जातुचित् ॥ ३

अत्र श्लोके भगवता पूर्वार्धे स्थानमीरितम् ।
शारीरकस्य दृश्येऽस्मिँच्छरीरे पाञ्चभौतिके ॥ ४

तत्रैव लक्षणं चोक्तं द्वैतमीशा च वारितम् ।
उक्तं चाप्यपरोक्षत्वं नानालिङ्गनिबर्हणम् ॥ ५

1. 서기 1915년, (네 달 동안 지속되는) 우기[1] 때의 어느 날 바가반 라마나 마하리쉬는 그의 가르침의 정수를 시 한 구로 말씀하셨다.

2. "가슴의 동굴 안에 브라만[2]이 홀로 빛나고 있다. 그 브라만은 '나'-'나'[3]로 직접적으로 경험되는 참나의 모습이다. 탐구로, 안으로 깊이 뛰어듦으로 혹은 호흡을 조절함으로 가슴 안으로 들어가 그것으로 뿌리를 내려라."

3. 바가반 마하리쉬가 말한 베단타의 정수인 이 구절을 이해하는 사람은 누구나 다시는 의심에 결코 사로잡히지 않을 것이다.

4. 이 구의 첫 번째 절반에서, 바가반은 다섯 원소들로 된 보이는 이 몸 안에 있는 참나의 위치를 지적하고 있다.

5. 바로 거기에 참나 지식의 경험을 말하고 있는데, 거기에서 신과 다르다는 이원성이 부정되며 그리고 직접적인 경험이 일어난다. 그러므로 참나에 대한 다양한 서술들이 시워진다.

---

1) 이때 수도승들은 한 장소에 머무른다.
2) 가슴, 아트만, 참나, 의식.
3) 끊어지지 않는 나의 느낌, 끊어지지 않는 의식의 고동을 지칭하기 위하여 라마나가 사용한 용어.

제2장_ 세 가지 길

उपदेशो द्वितीयार्धे शिष्याभ्यासकृते कृतः ।
त्रेधाभिन्नेन मार्गेण तत्त्वादैक्यं समीयुषा ॥ ६

उपायो मार्गणाभिख्यः प्रथमः सम्प्रकीर्तितः ।
द्वितीयो मज्जनाभिख्यः प्राणरोधस्तृतीयकः ॥ ७

इति श्रीरमणगीतासु ब्रह्मविद्यायां योगशास्त्रे रमणान्तेवासिनो
वासिष्ठस्य गणपतेरुपनिबन्धे मार्गत्रयकथनं नाम द्वितीयोऽध्यायः

ॐ

6. 나머지 반에 있는 말은 본질적으로는 하나인 세 가지 다른 방법을 제자들에게 수행으로 주고 있다.

7. 첫 번째 길은 탐구이고, 두 번째 길은 가슴으로 뛰어들기이고, 세 번째는 호흡 통제이다.

    이것은 라마나의 제자인 바시슈타 가나파티가 기록한 브라만의 과학이자 요가 경전인 슈리 라마나 기타에 있는 '세 가지 길'이라는 제목의 제2장이다.

제3장
지고의 과업

तृतीयोऽध्यायः
मुख्यकर्तव्यनिरूपणम्

दैवरातस्य संवादमाचार्यरमणस्य च ।
निबध्नीमस्तृतीयेऽस्मिन्नध्याये विदुषां मुदे ॥ १

दैवरात उवाच

किं कर्तव्यं मनुष्यस्य प्रधानमिह संसृतौ ।
एकं निर्धार्य भगवाँस्तन्मे व्याख्यातुमर्हति ॥ २

भगवानुवाच

स्वस्य स्वरूपं विज्ञेयं प्रधानं महदिच्छता ।
प्रतिष्ठा यत्र सर्वेषां फलानामुत कर्मणाम् ॥ ३

दैवरात उवाच

स्वस्य स्वरूपविज्ञाने साधनं किं समासतः ।
सिध्येत्केन प्रयत्नेन प्रत्यग्दृष्टिर्महीयसी ॥ ४

भगवानुवाच

विषयेभ्यः परावृत्य वृत्तीः सर्वाः प्रयत्नतः ।
विमर्शे केवलं तिष्ठेदचले निरुपाधिके ॥ ५

1. 세 번째 장에서 우리는 현자들의 기쁨을 위하여, 다이바라타(Daivarāta)와 아차리야 라마나 간의 대화를 기록하였다.

다이바라타:
2. 삶과 죽음의 윤회에 사로잡혀 있는 인간 존재가 해야 할 가장 중요한 임무는 무엇입니까? 바가반께서 기꺼이 하나를 정하셔서 그것을 설명하여 주십시오.

바가반:
3. 최고를 갈망하는 구도자들이 해야 할 가장 중요한 것은 자기 자신의 진정한 본성인 의식을 발견하는 것이다. 그것(의식)이 모든 행위들과 행위의 결실들이 있게 하는 바탕이다.

다이바라타:
4. 참나에 대한 지식을 얻기 위한 방법을 한마디로 말한다면 무엇입니까? 숭고한 내적 비전을 오게 할 수 있는 노력은 무엇입니까?

바가반:
5. 노력하여 모든 생각들을 감각의 대상들로부터 거두어들이면서, 대상을 향하지 않는 탐구에 고정되어 있어야 한다.

स्वस्य स्वरूपविज्ञाने साधनं तत्समासतः ।
सिध्येत्तेनैव यत्नेन प्रत्यग्दृष्टिर्महीयसी ॥ ६

दैवरात उवाच

यावत्सिद्धिर्भवेन्नृणां योगस्य मुनिकुञ्जर ।
तावन्तं नियमाः कालं किं यत्नमुपकुर्वते ॥ ७

भगवानुवाच

प्रयत्नमुपकुर्वन्ति नियमा युञ्जतां सताम् ।
सिद्धानां कृतकृत्यानां गलन्ति नियमास्स्वयम् ॥ ८

दैवरात उवाच

केवलेन विमर्शेन स्थिरेण निरुपाधिना ।
यथा सिद्धिस्तथा मन्त्रैर्जपैः सिद्धिर्भवेन्न वा ॥ ९

भगवानुवाच

अचञ्चलेन मनसा मन्त्रैर्जपैर्निरन्तरम् ।
सिद्धिः स्याच्छ्रद्दधानानां जपेन प्रणवेन वा ॥ १०

6. 간단히 말해서, 이것이 자기 자신의 진정한 본성을 알기 위한 수행이다. 이 노력만이 숭고한 내적 비전을 오게 한다.

다이바라타:

7. 오! 현자들 중 최고의 분이시여, 요가에 성공할 때까지 경전에 쓰여 있는 규칙들을 지키는 것이 도움이 됩니까?

바가반:

8. 행위의 규칙들을 지키는 것은 진지한 구도자들의 노력을 돕는다. 하라거나 하지 말라는 규칙들은 목적을 이룬 사람들[1]에게는 스스로 떨어져 나간다.

다이바라타:

9. 신성한 음절인 만트라를 반복하는 것이 전적으로 대상을 향하지 않는 자기 탐구와 같은 결과를 가져오게 합니까?

바가반:

10. 고요한 마음으로 꾸준히 만트라나 옴 음절인 프라나바를 끊임없이 반복하는 진지한 구도자들에게 시디들이 올 것이다.

---

1) 시다(siddha).

वृत्तिर्जपेन मन्त्राणां शुद्धस्य प्रणवस्य वा ।
विषयेभ्यः परावृत्ता स्वस्वरूपात्मिका भवेत् ॥ ११

ईशपुत्रशके शैल भूमिनन्दधरामिते ।
सप्तमे सप्तमे सोऽयं संवादोऽभवदद्भुतः ॥ १२

इति श्रीरमणगीतासु ब्रह्मविद्यायां योगशास्त्रे रमणान्तेवासिनो
वासिष्ठस्य गणपतेरुपनिबन्धे मुख्यकर्तव्यनिरूपणं नाम तृतीयोऽध्यायः

11. 만트라나 순수한 옴의 반복만으로도 마음은 감각 대상들로부터 물러나 참나와 하나가 된다.

12. 이 놀라운 대화는 1917년 7월 7일 일어났다.

　이것은 라마나의 제자인 바시슈타 가나파티가 기록한 브라만의 과학이자 요가 경전인 슈리 라마나 기타에 있는 '지고의 과업'이라는 제목의 제3장이다.

제4장
갸나의 본질

तृतीयोऽध्यायः
मुख्यकर्तव्यनिरूपणम्

प्रथम: प्रश्न:

अहं ब्रह्मास्मीति वृत्ति: किं ज्ञानं मुनिकुञ्जर ।
उत ब्रह्माहमिति धीर्धीरहं सर्वमित्युत ॥ १

अथवा सकलं चैतद्ब्रह्मेति ज्ञानमुच्यते ।
अस्माद्वृत्तिचतुष्काद्वा किं नु ज्ञानं विलक्षणम् ॥ २

अस्योत्तरम्

इमं मम गुरु: प्रश्नमन्तेवासिन आदरात् ।
आकर्ण्य रमणो वाक्यमुवाच भगवान्मुनि: ॥ ३

वृत्तयो भावना एव सर्वा एता न संशय: ।
स्वरूपावस्थितिं शुद्धां ज्ञानमाहुर्मनीषिण: ॥ ४

गुरोर्वचस्तदाकर्ण्य संशयच्छेदकारकम् ।
अपृच्छं पुनरेवाहमन्यं संशयमुद्धतम् ॥ ५

첫 번째 질문

1. 오, 최고의 현자시여. 진정한 지식이 무엇입니까? "나는 브라만이다."입니까? 아니면 "브라만이 나이다."입니까? 아니면 "나는 모두이다."라는 것입니까?

2. 또는 "이 모든 것은 브라만이다."입니까? 아니면 진정한 지식은 이 네 가지와 다른 것입니까?

3. 나의 구루이신 바가반 라마나 무니께서 자신의 제자의 이런 질문을 자비롭게 듣고 다음과 같이 말씀하셨다.

4. 이런 모든 생각들은 의심할 바 없이 개념들일 뿐이다. 현자들은 자기 자신의 순수한 상태에 머무는 것을 진정한 지식이라고 한다.

5. 의심을 일소하는 구루의 대답을 듣고서, 나는 다른 의심이 일어나 그분에게 또 질문하였다.

द्वितीय: प्रश्न:

वृत्तिव्याप्यं भवेद्ब्रह्म न वा नाथ तपस्विनाम् ।
इमं मे हृदि सञ्जातं संशयं छेत्तुमर्हसि ॥ ६

तमिमं प्रश्नमाकर्ण्य मित्रमङ्घ्रिजुषामृषि: ।
अभिषिच्य कटाक्षेण मामिदं वाक्यमब्रवीत् ॥ ७

अस्योत्तरम्

स्वात्मभूतं यदि ब्रह्म ज्ञातुं वृत्ति: प्रवर्तते ।
स्वात्माकारा तदा भूत्वा न पृथक् प्रतितिष्ठति ॥ ८

अयं प्रागुक्त एवाब्दे सप्तमे त्वेकविंशके ।
अभवन्नौ मितग्रन्थ: संवादो रोमहर्षण: ॥ ९

इति श्रीरमणगीतासु ब्रह्मविद्यायां योगशास्त्रे रमणान्तेवासिनो
वासिष्ठस्य गणपतेरुपनिबन्धे ज्ञानस्वरूपकथनं नाम चतुर्थोऽध्याय:

두 번째 질문

6. 오, 현자들의 주님이시여, 브라만이 생각에 의해 알려질 수 있습니까? 제 마음속에 일어나는 이 의심을 없애 주실 수 있겠습니까?

7. 이 질문을 듣고서, 그의 발에 의지하는 자들의 친구인 리쉬께서 그의 자비로운 바라봄으로 나를 목욕시키고는 이렇게 말씀하셨다.

8. 만약 생각이 자기 자신의 참나인 브라만을 알고자 나아간다면, 생각은 자신의 분리된 정체감을 잃고 참나가 된다.

9. 이 간결하고 감동적인 대화는 1917년 7월 21일에 일어났다.

이것은 라마나의 제자인 바시슈타 가나파티가 기록한 브라만의 과학이자 요가 경전인 슈리 라마나 기타에 있는 '갸나의 본질'이라는 제목의 제4장이다.

제5장
가슴의 과학

पञ्चमोऽध्यायः

हृदयविद्या

प्रागुक्तेऽब्देऽष्टमे मासि नवमे दिवसे निशि ।
उपन्यसितवाँत्सम्यगुद्दिश्य हृदयं मुनिः ॥ १

निर्गच्छन्ति यतः सर्वा वृत्तयो देहधारिणाम् ।
हृदयं तत्समाख्यातं भावनाऽऽकृतिवर्णनम् ॥ २

अहंवृत्तिः समस्तानां वृत्तीनां मूलमुच्यते ।
निर्गच्छति यतोऽहंधीर्हृदयं तत्समासतः ॥ ३

हृदयस्य यदि स्थानं भवेच्चक्रमनाहतम् ।
मूलाधारं समारभ्य योगस्योपक्रमः कुतः ॥ ४

अन्यदेव ततो रक्तपिण्डाद्धृदयमुच्यते ।
अयं हृदिति वृत्त्या तदात्मनो रूपमीरितम् ॥ ५

1. 전에 말한 년도의 8월 9일 밤, 라마나 무니께서는 가슴에 관하여 자세하게 말씀하셨다.

2. 몸을 가진 존재들의 모든 생각은 가슴으로부터 나온다. 그 가슴에 관한 묘사는 개념에 불과한 것이다.

3. '나' 생각이 모든 생각의 뿌리이다. '나' 생각의 근원은 가슴이다.

4. 가슴이 아나하타 차크라[1]에 위치하고 있다면, 어떻게 요가 수행이 물라다라 차크라[2]에서 시작합니까?

5. 이 가슴은 신체 기관을 두고 하는 말이 아니다. 가슴을 뜻하는 흐리다얌(hridayam)은 "이것이 중심이다."라는 뜻이다. 따라서 이것은 참나를 뜻하는 말이다.

---

1) anāhata chakra, 미묘한 몸에 있는 네 번째 의식의 중심.
2) mulādhāra chakra, 미묘한 몸에 있는 첫 번째 의식의 중심.

तस्य दक्षिणतो धाम हृत्पीठे नैव वामतः ।
तस्मात्प्रवहति ज्योतिः सहस्रारं सुषुम्नया ॥ ६

सर्वं देहं सहस्राराततदा लोकानुभूतयः ।
ताः प्रपश्यन्विभेदेन संसारी मनुजो भवेत् ॥ ७

आत्मस्थस्य सहस्रारं शुद्धं ज्योतिर्मयं भवेत् ।
तत्र जीवेन्न सङ्कल्पो यदि सान्निध्यतः पतेत् ॥ ८

विज्ञायमानविषयं सन्निकर्षेण यद्यपि ।
न भवेद्योगभङ्गाय भेदस्याग्रहणे मनः ॥ ९

गृह्णतोऽपि स्थिरैकाधीः सहजा स्थितिरुच्यते ।
निर्विकल्पः समाधिस्तु विषयासन्निधौ भवेत् ॥ १०

6. 이 가슴의 위치는 신체의 왼쪽이 아니라 신체의 오른쪽이다. 의식의 빛은 이 가슴에서 나와 수슘나[3]를 통하여 사하스라라[4]로 흐른다.

7. 의식은 사하스라라로부터 나와 온몸에 퍼진다. 그때 세상에 대한 경험이 일어난다. 경험들을 그 의식과 다른 것으로 봄으로써 사람들은 탄생과 죽음의 순환에 사로잡힌다.

8. 참나에 거주하는 이의 사하스라라는 오로지 순수한 빛이다. 사하스라라에 다가가는 어떤 생각도 살아남을 수 없다.

9. 감각의 대상들이 가까이 있어 보인다 하더라도, 아무런 다른 점을 보지 못하기 때문에 요가(Yoga)[5]는 깨트려지지 않는다.

10. 대상들이 지각될 때에도 자각이 참나에 확고히 뿌리를 내리고 있는 상태를 자연스러운 상태라 한다. 니르비칼파 사마디 상태에서는 대상에 대한 지각이 없다.

---

3) sushumna, 미묘한 몸 내에 있는 의식이 흘러가는 중심 통로.
4) sahasrāra, 미묘한 몸에 있는 일곱 번째 의식의 중심. 머리 위에 위치하므로 왕관 차크라라 하기도 함.
5) 하나임.

अण्डं वपुषि निःशेषं निःशेषं हृदये वपुः ।
तस्मादण्डस्य सर्वस्य हृदयं रूपसंग्रहः ॥ ११

भुवनं मनसो नान्यदन्यत्र हृदयान्मनः ।
अशेषा हृदये तस्मात्कथा परिसमाप्यते ॥ १२

कीर्त्यते हृदयं पिण्डे यथाण्डे भानुमण्डलम् ।
मनः सहस्रारगतं बिम्बं चान्द्रमसं यथा ॥ १३

यथा ददाति तपनस्तेजः कैरवबन्धवे ।
इदं वितरति ज्योतिर्हृदयं मनसे तथा ॥ १४

हृद्सन्निहितो मर्त्यो मनः केवलमीक्षते ।
असन्निकर्षे सूर्यस्य रात्रौ चन्द्रे यथा महः ॥ १५

अपश्यंस्तेजसो मूलं स्वरूपं सत्यमात्मनः ।
मनसा च पृथक्पश्यन्भावान्भ्राम्यति पामरः ॥ १६

हृदि सन्निहितो ज्ञानी लीनं हृदयतेजसि ।
ईक्षते मानसं तेजो दिवाभानाविवैन्दवम् ॥ १७

11. 온 우주는 몸 안에 있으며, 몸은 가슴 안에 있다. 그러므로 우주는 가슴 안에 있다.

12. 우주는 다름 아닌 마음이며, 마음은 다름 아닌 가슴이다. 그러므로 우주의 온 이야기는 가슴 안에서 끝난다.

13. 가슴과 몸의 관계는 태양과 태양계와 같다. 사하스라라 내에 있는 마음은 태양계에 있는 달과 같다.

14. 태양이 달에게 빛을 주듯이, 이 가슴이 마음에게 빛을 준다.

15. 태양이 지고 밤이 되면 달빛만 보이듯이, 가슴에 있지 않은 사람은 오직 마음만을 본다.

16. 의식의 진정한 근원이 자신의 참나라는 사실을 알지 못하고, 마음이 자기 자신이 아니라 분리된 대상들을 보는 이들은 착각하고 있다.

17. 낮 동안에 달빛이 태양 빛 내에 있듯, 가슴에 머무르고 있는 아는 자의 마음은 가슴의 의식과 하나 되어 있다.

प्रज्ञानस्य प्रवेत्तारो वाच्यमर्थं मनो विदुः ।
अर्थं तु लक्ष्यं हृदयं हृदयान्नापरः परः ॥ १८

दृग्दृश्यभेदधीरेषा मनसि प्रतितिष्ठति ।
हृदये वर्तमानानां दृग्दृश्यंचैकतां व्रजेत् ॥ १९

मूर्च्छा निद्रातिसन्तोष शोकावेशभयादिभिः ।
निमित्तैराहता वृत्तिः स्वस्थानं हृदयं व्रजेत् ॥ २०

तदा न ज्ञायते प्राप्तिर्हृदयस्य शरीरिणा ।
विज्ञायते समाधौ तु नामभेदो निमित्ततः ॥ २१

इति श्रीरमणगीतासु ब्रह्मविद्यायां योगशास्त्रे रमणान्तेवासिनो
वासिष्ठस्य गणपतेरुपनिबन्धे हृदयविद्या नाम पञ्चमोऽध्यायः

18. 지성을 마음이라고 알고 있지만, 현자들은 이 말의 본질적인 의미가 가슴임을 안다. 지고의 존재는 다름 아닌 가슴이다.

19. 보는 자와 보이는 대상과의 차이는 마음속에만 있다. 가슴에 있는 이들에게는 보는 자와 보이는 대상이 하나다.

20. 기절, 수면, 과도한 즐거움, 슬픔 또는 두려움 등으로 마음의 활동이 억지로 멈추어지면, 마음은 근원인 가슴으로 되돌아간다.

21. 이러한 되돌아감은 무의식중에 일어나므로 자신이 가슴으로 갔다는 사실을 알아차리지 못한다. 이와는 달리 의식하면서 가슴으로 들어갈 때, 그것을 사마디라 한다. 같은 결과를 초래하지만, 이름들은 다르다.

　이것은 라마나의 제자인 바시슈타 가나파티가 기록한 브라만의 과학이자 요가 경전인 슈리 라마나 기타에 있는 '가슴의 과학'이라는 제목의 제5장이다.

제6장
마음의 통제

षष्ठोऽध्यायः

मनोनिग्रहोपायः

निरूप्य हृदयस्यैवं तत्त्वं तत्त्वविदांवरः ।
मनसो निग्रहोपायमवदद्ब्रमणो मुनिः ॥ १

नित्यवृत्तिमतां नृणां विषयासक्तचेतसाम् ।
वासनानां बलीयस्त्वान्मनो दुर्निग्रहं भवेत् ॥ २

चपलं तन्निगृह्णीयात्प्राणरोधेन मानवः ।
पाशबद्धो यथा जन्तुस्तथा चेतो न चेष्टते ॥ ३

प्राणरोधेन वृत्तीनां निरोधः साधितो भवेत् ।
वृत्तिरोधेन वृत्तीनां जन्मस्थाने स्थितो भवेत् ॥ ४

प्राणरोधश्च मनसा प्राणस्य प्रत्यवेक्षणम् ।
कुम्भकं सिध्यति ह्येवं सततप्रत्यवेक्षणात् ॥ ५

येषां नैतेन विधिना शक्तिः कुम्भकसाधने ।
हठयोगविधानेन तेषां कुम्भकमिष्यते ॥ ६

एकदा रेचकं कुर्यात्कुर्यात्पूरकमेकदा ।
कुम्भकं तु चतुर्वारं नाडीशुद्धिर्भवेत्ततः ॥ ७

1. 가슴에 관한 진리를 설명한 후에, 진리를 아는 자들 중 최고이신 슈리 라마나 무니께서 마음을 통제하는 방법에 대하여 말씀하셨다.

2. 잠재적인 습성들이 강하여 끝없이 생각에 사로잡히고 그리고 대상들에 집착하는 사람들의 마음은 통제하기에 어렵다.

3. 호흡을 조절하여 변덕스러운 마음을 통제해야 한다. 그러면 마음은 밧줄에 매인 동물처럼 방황을 멈춘다.

4. 호흡 조절로 생각들을 통제할 수 있다. 그러면 그 사람은 생각들의 근원인 가슴에 머문다.

5. 마음으로 호흡의 흐름을 지켜보면 호흡이 조절된다. 그렇게 꾸준히 지켜보면 호흡의 멈춤이 일어난다.

6. 만일 마음의 힘이 부족하여 호흡을 꾸준히 지켜볼 수 없다면, 하타 요가의 방법을 따라서 호흡을 조절하는 것이 좋다.

7. 내쉼과 들이쉼과 멈춤의 시간 비율을 1:1:4로 하면, 호흡이 흐르는 통로들이 정화된다.

प्राणो नाडीषु शुद्धासु निरुद्ध: क्रमशो भवेत् ।
प्राणस्य सर्वधारोध: शुद्धं कुम्भकमुच्यते ॥ ८

त्यागं देहात्मभावस्य रेचकं ज्ञानिन: परे ।
पूरकं मार्गणं स्वस्य कुम्भकं सहजस्थितिम् ॥ ९

जपेन वाऽथ मन्त्राणां मनसो निग्रहो भवेत् ।
मानसेन तदा मन्त्रप्राणयोरेकता भवेत् ॥ १०

मन्त्राक्षराणां प्राणेन सायुज्यं ध्यानमुच्यते ।
सहजस्थितये ध्यानं दृढभूमि प्रकल्प्ते ॥ ११

सहवासेन महतां सतामारूढचेतसाम् ।
क्रियमाणेन वा नित्यं स्थाने लीनं मनो भवेत् ॥ १२

इति श्रीरमणगीतासु ब्रह्मविद्यायां योगशास्त्रे रमणान्तेवासिनो
वासिष्ठस्य गणपतेरुपनिबन्धे मनोनिग्रहोपायो नाम षष्ठोऽध्याय:

ॐ

8. 미묘한 신경 통로들이 정화되면 점차 호흡이 조절된다. 그런 조절이 꾸준해지면 호흡의 완전한 멈춤이 일어난다.

9. 다른 현자들은 "나는 몸이다."라는 개념의 포기를 내쉼으로 여기고, 자기 탐구를 들이쉼으로 여기며. 가슴 속에 거하는 것을 노력 없는 자연스러운 가라앉음으로 여긴다.

10. 마음은 만트라의 반복으로도 통제될 수 있다. 그러면 만트라와 마음과 프라나는 하나가 된다.

11. 만트라의 철자들과 프라나가 하나 되는 것을 명상이라 한다. 명상이 깊어지고 확고해지면 자연스러운 상태에 이르게 된다.

12. 의식에 뿌리를 항상 내리고 있는 위대한 존재들과 꾸준히 함께 해도 마음은 마음 자신의 근원에 들어가게 된다.

 이것은 라마나의 제자인 바시슈타 가나파티가 기록한 브라만의 과학이자 요가 경전인 슈리 라마나 기타에 있는 '마음의 통제'라는 제목의 제6장이다.

제7장

자기 탐구

सप्तमोऽध्यायः

आत्मविचाराधिकारितदङ्गनिरूपणम्

भारद्वाजस्य वै कार्ष्णोराचार्यैरमणस्य च ।
अध्याये कथ्यते श्रेष्ठः संवाद इह सप्तमे ॥ १

रूपमात्मविचारस्य किं नु किं वा प्रयोजनम् ।
लभ्यादात्मविचारेण फलं भूयोऽन्यतोऽस्ति वा ॥ २

सर्वासामपि वृत्तीनां समष्टिर्या समीरिता ।
अहंवृत्तेरमुष्यास्तु जन्मस्थानं विमृश्यताम् ॥ ३

एष आत्मविचारः स्यान्न शास्त्रपरिशीलनम् ।
अहङ्कारो विलीनः स्यान्मूलस्थानगवेषणे ॥ ४

आत्माभासस्त्वहङ्कारः स यदा सम्प्रलीयते ।
आत्मा सत्योऽभितः पूर्णः केवलः परिशिष्यते ॥ ५

सर्वक्लेशनिवृत्तिः स्यात्फलमात्मविचारतः ।
फलानामवधिः सोयमस्ति नेतोऽधिकं फलम् ॥ ६

1. 이 일곱 번째 장은 바라다바자 가문의 카르슈니와 아차리야 라마나 간의 훌륭한 대화를 기록한 것이다.

카르슈니:

2. 자기 탐구의 본질은 무엇입니까? 그것의 유용성은 무엇입니까? 다른 방법들을 통하여 얻어질 수 있는 더 좋은 결과들이 있습니까?

바가반:

3. 나라는 생각은 모든 생각들의 뿌리이다. 나라는 생각의 근원을 탐구하라.

4. 이것은 참나를 탐구하는 것이지 경전들을 공부하는 것은 아니다. 원래의 자리가 찾아지면 나라는 생각은 그 속으로 들어간다.

5. 참나의 그림자에 불과한 나라는 생각이 그것 속으로 들어가 사라질 때, 참나만이 그 자체의 충만함과 완벽함으로 있게 된다.

6. 자기 탐구의 결과는 모든 고통을 없애 준다. 이것이 모든 결실들 중 최고의 것이다. 이보다 더 높은 것은 없다.

अद्भुता: सिद्धय: साध्या उपायान्तरतश्च या: ।
ता: प्राप्तोऽपि भवत्यन्ते विचारेणैव निर्वृत: ॥ ७

कार्ष्णिरुवाच

एतस्यात्मविचारस्य प्राहु: कमधिकारिणम् ।
अधिकारस्य सम्पत्ति: किं ज्ञातुं शक्यते स्वयम् ॥ ८

भगवानुवाच

उपासनादिभि: शुद्धं प्राग्जन्मसुकृतेन वा ।
दृष्टदोषं मनो यस्य शरीरे विषयेषु च ॥ ९

मनसा चरतो यस्य विषयेष्वरुचिर्भृशम् ।
देहे चानित्यताबुद्धिस्तं प्राहुरधिकारिणम् ॥ १०

देहे नश्वरताबुद्धेर्वैराग्याद्विषयेषु च ।
एताभ्यामेव लिङ्गाभ्यां ज्ञेया स्वस्याधिकारिता ॥ ११

7. 다른 수행법으로 놀랍도록 신비로운 힘들을 얻을 수 있다. 비록 그러한 힘들을 가지고 있을지라도 궁극적으로는 자기 탐구만이 해방을 오게 한다.

카르슈니:

8. 누가 이 자기 탐구를 하기에 적합합니까? 스스로 자기 자신이 적합한지 알 수 있습니까?

바가반:

9. 마음이 영적 수행이나 과거의 삶에서 축적한 미덕으로 정화된 자 그리고 신체와 감각 대상들의 결함을 아는 자는 자기 탐구를 하기에 적합하다.

10. 마음이 감각 대상들 속에서 작용할 때마다 역겨움을 느끼는 자, 그리고 몸이 영원하지 않다는 것을 아는 자는 자기 탐구를 하기에 적합하다고 한다.

11. 몸의 무상함을 알며 감각 대상들에 대한 무집착이라는 두 가지 징후로 자기 탐구를 하기에 적절한지를 알 수 있다.

कार्ष्णिरुवाच

स्नानं सन्ध्याजपो होमः स्वाध्यायो देवपूजनम् ।
संकीर्तनं तीर्थयात्रा यज्ञो दानं व्रतानि च ॥ १२

विचारे साधिकारस्य वैराग्याच्च विवेकतः ।
किं वा प्रयोजनाय स्युरुत कालविधूतये ॥ १३

भगवानुवाच

आरम्भिणां क्षीयमाणरागाणामधिकारिणाम् ।
कर्माण्येतानि सर्वाणि भूयस्यै चित्तशुद्धये ॥ १४

यत्कर्म सुकृतं प्रोक्तं मनोवाक्कायसंभवम् ।
तत्तु कर्मान्तरं हन्ति मनोवाक्कायसंभवम् ॥ १५

अत्यन्तशुद्धमनसां पक्वानामधिकारिणाम् ।
इदं लोकोपकाराय कर्मजालं भविष्यति ॥ १६

परेषामुपदेशाय क्षेमाय च मनीषिणः ।
पक्वाश्च कर्म कुर्वन्ति भयान्नादेशशास्त्रतः ॥ १७

카르슈니:

12와 13. 감각 대상에의 무집착과 식별력이 생겨 자기 탐구에 적합한 이들이 목욕 의례, 기도, 만트라 암송, 봉헌 의식, 베다 찬송, 신의 숭배, 바잔, 순례 여행, 자기 희생, 자선, 금욕 등을 행할 때 이것들은 유용합니까? 아니면 시간 낭비입니까?

바가반:

14. 집착이 줄어들기 시작하는 유능한 초심자들이 이러한 행위들을 하면 그 사람의 마음은 상당히 정화될 것이다.

15. 몸과 말과 마음으로 좋은 활동을 하면, 몸과 말과 마음의 좋지 않은 활동을 없애 준다.

16. 극히 순수한 마음을 지닌 성숙한 현자들은 다만 세상을 이롭게 하기 위하여 행동을 한다.

17. 성숙한 현자들은 경전의 지시들을 어기는 데에 대한 두려움에서가 아니라 세상의 안녕을 위해서 그리고 다른 사람들을 가르치기 위해서 행위를 한다.

विचारप्रतिकूलानि न पुण्यानि नरर्षभ ।
क्रियमाणान्यसङ्गेन भेदबुद्ध्युपमर्दिना ॥ १८

न चाकृतानि पापाय पक्वस्यात्मविमर्शिनः ।
स्वविमर्शो महत्पुण्यं पावनानां हि पावनम् ॥ १९

दृश्यते द्विविधा निष्ठा पक्वानामधिकारिणाम् ।
त्याग एकान्तयोगाय परार्थं च क्रियादरः ॥ २०

कार्ष्णिरुवाच
निर्वाणायास्ति चेदन्यो मार्ग आत्मविचारतः ।
एको वा विविधस्तं मे भगवान्वक्तुमर्हति ॥ २१

भगवानुवाच
एकः प्राप्तुं प्रयतते परः प्राप्तारमृच्छति ।
चिराय प्रथमो गच्छन्न्राप्नोत्यात्मानमन्ततः ॥ २२

18. 오, 최상의 인간이여, 차별감과 집착이 없이 하는 행위들은 신성하다. 그것들은 탐구에 방해되지 않는다.

19. 자기 탐구를 하는 현명한 사람은 행위를 하거나 행위를 하지 않아도 죄가 되지 않는다. 자기 탐구 그 자체가 최상의 미덕이며 최상의 정화이기 때문이다.

20. 충분한 자격을 갖춘 성숙한 구도자들은 두 가지 삶의 방식을 따른다. 하나는 고요한 곳에서 일점 지향의 요가에 있기 위하여 행위를 포기하는 것이며, 다른 하나는 가슴에 뿌리를 내린 채 다른 사람들을 이롭게 하기 위하여 행위를 하는 것이다.

카르슈니:

21. 자기 탐구 이외에 니르바나에 이르는 다른 방법들이 있습니까? 부디 바가반께서 말씀하여 주십시오.

바가반:

22. 다른 방법들은 무엇인가를 얻기 위하여 노력한다. 자기 탐구는 노력하고 있는 자를 탐구한다. 전자는 시간이 오래 걸리기는 하지만 결국 참나에 이른다.

एकस्य ध्यानतश्चित्तमेकाकृति भविष्यति ।
एकाकृतित्वं चित्तस्य स्वरूपे स्थितये भवेत् ॥ २३

अनिच्छयाप्यतो ध्यायन्विन्दत्यात्मनि संस्थितिम् ।
विचारकस्तु विज्ञाय भवेदात्मनि संस्थितः ॥ २४

ध्यायतो देवतां मन्त्रमन्यद्वा लक्ष्यमुत्तमम् ।
ध्येयमात्ममहाज्योतिष्यन्ततो लीनतां व्रजेत् ॥ २५

गतिरेवं द्वयोरेका ध्यातुश्चात्मविमर्शिनः ।
ध्यायन्नेकः प्रशान्तः स्यादन्यो विज्ञाय शाम्यति ॥ २६

इति श्रीरमणगीतासु ब्रह्मविद्यायां योगशास्त्रे रमणान्तेवासिनो
वासिष्ठस्य गणपतेरुपनिबन्धे आत्मविचाराधिकारितदज्ञनिरूपणं नाम
सप्तमोऽध्यायः

23. 하나의 대상을 명상하면 마음이 모아진다. 하나로 모아진 마음은 참나 머묾으로 나아가게 한다.

24. (자아를 지니고) 명상을 하는 길들에서는 참나 희열의 경험을 사전에 알지 못하지만 마침내 그 희열의 참나에 머물게 된다. 반면에 탐구자는 참나 희열을 경험하면서 참나에 머문다.

25. 신이나 만트라 혹은 그 외의 다른 훌륭한 것들을 명상하면, 그 명상의 대상들은 마침내 참나의 위대한 빛 속으로 들어가 거기에 잠긴다.

26. 따라서 명상을 하는 사람이나 자기 탐구를 하는 사람이나 목표는 동일하다. 명상을 하는 이는 명상으로 거대한 평화에 이르고, 자기 탐구를 하는 후자는 자신의 진정한 본성에 대한 지식으로 평화를 얻는다.

이것은 라마나의 제자인 바시슈타 가나파티가 기록한 브라만의 과학이자 요가 경전인 슈리 라마나 기타에 있는 '자기 탐구'라는 제목의 제7장이다.

제8장
삶의 단계

अष्टमोऽध्यायः
आश्रमविचारः

काष्णेरिवापरं प्रश्नं निशम्य भगवान्मुनिः ।
चातुराश्रम्यसम्बद्धमधिकारं न्यरूपयत् ॥ १

ब्रह्मचारी गृही वाऽपि वानप्रस्थोऽथवा यतिः ।
नारी वा वृषलो वापि पक्वो ब्रह्म विचारयेत् ॥ २

सोपानवत्परं प्राप्तुं भविष्यत्याश्रमक्रमः ।
अत्यन्तपक्वचित्तस्य क्रमापेक्षा न विद्यते ॥ ३

गतये लोककार्याणा-मादिशन्त्याश्रमक्रमम् ।
आश्रमत्रयधर्माणां न ज्ञानप्रतिकूलता ॥ ४

सन्न्यासो निर्मलं ज्ञानं न काषायो न मुण्डनम् ।
प्रतिबन्धकबाहुल्य-वारणायाश्रमो मतः ॥ ५

1. 카르슈니의 또 다른 질문에 대한 답변에서, 바가반은 삶의 네 단계들에 연결되어 있는 의무들을 설명하였다.

2. 그 사람이 미혼의 독신자이건, 가정 거주자이건, 숲 속 거주자이건, 산야시(sanyāsi)[1]건, 또는 여인이건 또는 수드라이건 간에 성숙하다면 누구나 브라만을 탐구할 수 있다.

3. 삶의 단계들의 순서는 지고의 절대자에 이르기 위한 계단들과 같은 것이다. 마음이 충분히 성숙한 이들에게는 이러한 순서가 적용되지 않는다.

4. 세상의 일이 순조롭게 작용하도록 하기 위하여 삶의 이 단계들을 경전에서 기록하고 있다. 처음 세 단계의 의무들을 하고 있다고 지식의 길을 밟을 수 없는 것은 아니다.

5. 산야사는 순수한 지식을 말한다. 황토색 옷을 입거나 머리를 깎는 것이 아니다. 그러나 네 번째 단세는 지식을 방해하는 것들을 떨쳐내고자 하는 것이다.

---

1) 모든 것을 버린 고행자.

ब्रह्मचर्याश्रमे यस्य शक्तिरुज्जृम्भते व्रतैः ।
विद्यया ज्ञानवृद्ध्या च स पश्चात्प्रज्वलिष्यति ॥ ६

ब्रह्मचर्येण शुद्धेन गृहीत्वे निर्मलो भवेत् ।
सर्वेषामुपकाराय गृहस्थाश्रम उच्यते ॥ ७

सर्वधा वीतसङ्गस्य गृहस्थस्यापि देहिनः ।
परं प्रस्फुरति ज्योतिस्तत्र नैवास्ति संशयः ॥ ८

तपसस्त्वाश्रमः प्रोक्तस्तृतीयः पण्डितोत्तमैः ।
अभार्यो वा सभार्यो वा तृतीयाश्रमभाग्भवेत् ॥ ९

तपसा दग्धपापस्य पक्वचित्तस्य योगिनः ।
चतुर्थ आश्रमः काले स्वयमेव भविष्यति ॥ १०

एष प्रागुक्त एवाब्देत्वष्टमे द्वादशे पुनः ।
उपदेशो भगवतः सप्तमाष्टमयोरभूत् ॥ ११

6. 미혼의 독신의 단계에서 경전들을 부지런히 공부하고, 지식을 얻기에 적합하도록 수행함으로, 자신의 에너지가 잘 발달된 사람은 후의 삶에서 더욱 더 빛이 날 것이다.

7. 미혼의 독신의 단계에서 순수하게 살면 나중에 오는 가정 거주의 삶에 순수함을 오게 한다. 가정 거주자의 역할은 모든 단계들의 사람들에게 유익을 주도록 하는 것이다.

8. 가정 거주자일지라도 완전히 무집착한다면, 지고의 빛이 드러나 빛날 것이다. 이것은 확실하다.

9. 현자들은 고행을 행하기 위한 세 번째 단계로 숲 속의 삶을 권한다. 이 단계에서는 배우자와 같이 있을 수도 있고 그렇지 않을 수도 있다.

10. 타파스(tapas)[2]로 자신의 죄들이 타 버려 마음이 성숙해진 요기에게 네 번째 삶의 단계가 적절한 순간에 저절로 온다.

11. 이 7장과 8장의 가르침은 같은 해인 1917년 8월 12일에 주어졌다.

---

2) 고행.

इति श्रीरमणगीतासु ब्रह्मविद्यायां योगशास्त्रे रमणान्तेवासिनो
वासिष्ठस्य गणपतेरुपनिबन्धे आश्रमविचारो नाम अष्टमोऽध्यायः

이것은 라마나의 제자인 바시슈타 가나파티가 기록한 브라만의 과학이자 요가 경전인 슈리 라마나 기타에 있는 '삶의 단계'라는 제목의 제8장이다.

제9장

매듭의 단절

नवमोऽध्यायः

ग्रन्थिभेदकथनम्

चतुर्दशेऽष्टमे रात्रौ महर्षिं पृष्टवानहम् ।
ग्रन्थिभेदं समुद्दिश्य विदुषां यत्र संशयः ॥ १

समाकर्ण्य मम प्रश्नं रमणो भगवानृषिः ।
ध्यात्वा दिव्येन भावेन किञ्चिदाह महामहाः ॥ २

शरीरस्यात्मनश्चापि सम्बन्धो ग्रन्थिरुच्यते ।
सम्बन्धेनैव शारीरं भवति ज्ञानमात्मनः ॥ ३

शरीरं जडमेतत्स्यादात्मा चैतन्यमिष्यते ।
उभयोरपि सम्बन्धो विज्ञानेनानुमीयते ॥ ४

चैतन्यच्छाययाश्लिष्टं शरीरं तात चेष्टते ।
निद्रादौ ग्रहणाभावा-द्रूह्यते स्थानमात्मनः ॥ ५

सूक्ष्माणां विद्युदादीनां स्थूले तन्त्र्यादिके यथा ।
तथा कलेबरे नाड्यां चैतन्यज्योतिषो गतिः ॥ ६

1. 8월 14일 저녁에, 나는 배운 이들에게조차도 의심이 일어나는 매듭의 단절에 관하여 마하리쉬에게 질문을 하였다.

2. 눈부신 바가반 라마나 리쉬께서 나의 질문을 듣고 잠시 생각에 잠기신 후 그의 성스러운 방식으로 말씀하셨다.

3. 몸과 참나를 연결하는 것을 매듭이라 한다. 오로지 이 연결 때문에 참나는 몸에 대한 지식을 얻게 된다.

4. 이 몸은 물질이고 참나는 의식이다. 이들 둘 간에 연결이 있다는 것은 지성으로 알아차릴 수 있다.

5. 몸이 의식의 빛으로 감싸이면 기능하기 시작한다. 수면 중이거나 기절할 때 (사마디 중일 때) 등에서는 세상에 대한 자각이 없기 때문에 몸 안에 의식이 일어나는 자리가 있을 것이라고 추측할 수 있다.

6. 눈에 보이지 않는 전기의 흐름이 눈에 보이는 전선을 통하여 흘러가듯이, 의식의 불꽃은 몸 속의 다양한 경로들을 통하여 흐른다.

स्थलमेकमुपाश्रित्य चैतन्यज्योतिरुज्ज्वलम् ।
सर्वं भासयते देहं भास्करो भुवनं यथा ॥ ७

व्याप्तेन तत्प्रकाशेन शरीरे त्वनुभूतयः ।
स्थलं तदेव हृदयं सूरयस्सम्प्रचक्षते ॥ ८

नाडीशक्तिविलासेन चैतन्यांशुगतिर्मता ।
देहस्य शक्तयस्सर्वाः पृथङ्नाडीरूपाश्रिताः ॥ ९

चैतन्यं तु पृथङ्नाड्यां तां सुषुम्नां प्रचक्षते ।
आत्मनाडीं परामेके परेत्वमृतनाडिकाम् ॥ १०

सर्वं देहं प्रकाशेन व्याप्तो जीवोऽभिमानवान् ।
मन्यते देहमात्मानं तेन भिन्नं च विष्टपम् ॥ ११

अभिमानं परित्यज्य देहे चात्मधियं सुधीः ।
विचारयेच्चेदेकाग्रो नाडीनां मथनं भवेत् ॥ १२

7. 태양이 온 세상을 밝히듯이 의식의 불꽃이 자리를 잡고서 온몸을 빛나게 한다.

8. 의식이 퍼짐으로 사람들은 자신의 몸을 자각한다. 현자들은 이 발산의 중심을 가슴이라고 한다.

9. 경로들 내에 힘이 작용하는 것을 보고 의식의 흐름을 알 수 있다. 그 힘들은 그것의 특별한 경로들을 품으면서 몸을 통하여 가로질러 간다.

10. 의식의 흐름이 통과하는 특유의 통로를 수슘나라 한다. 이것을 또한 아트마 나디(ātma nādi), 파라 나디(parā nādi) 그리고 암리타 나디(amrita nādi)라 한다.

11. 의식이 몸 전체에 퍼져 있기 때문에, 사람들은 몸에 집착하여 몸을 참나로 여기고, 세상을 자신과 분리되어 있는 것으로 본다.

12. 초연하고 몸이 참나라는 생각을 버리고, 일점 지향의 탐구를 할 때, 소용돌이가 통로들 내에 일어나기 시작할 것이다.

नाडीनां मथनेनैवमात्मा ताभ्यः पृथक्कृतः ।
केवलाममृतां नाडीमाश्रित्य प्रज्वलिष्यति ॥ १३

आत्मनाङ्क्यां यदा भाति चैतन्यज्योतिरुज्ज्वलम् ।
केवलायां तदा नान्यदात्मनस्सम्प्रभासते ॥ १४

सान्निध्याद्भासमानं वा न पृथक्प्रतितिष्ठति ।
जानाति स्पष्टमात्मानं सदेहमिव पामरः ॥ १५

आत्मैव भासते यस्य बहिरन्तश्च सर्वतः ।
पामरस्येव रूपादि स भिन्नग्रन्थिरुच्यते ॥ १६

नाडीबन्धोऽभिमानश्च द्वयं ग्रन्थिरुदीर्यते ।
नाडीबन्धेन सूक्ष्मोऽपि स्थूलं सर्वं प्रपश्यति ॥ १७

निवृत्तं सर्वनाडीभ्यो यदैकां नाडिकां श्रितम् ।
भिन्नग्रन्थि तदा ज्योतिरात्मभावाय कल्पते ॥ १८

13. 경로들의 그와 같은 소용돌이와 더불어, 참나는 이 경로들로부터 분리되어 오로지 암리타 경로로 들어가서 빛난다.

14. 의식의 밝은 빛이 아트마 나디 안에서만 빛날 때, 참나를 제외하고는 빛나는 것이 아무것도 없다.

15. 그와 같은 갸니 앞에 대상들이 보이면 그것들을 분리되어 있는 것으로 보지 않는다. 무지한 자가 자신의 몸을 선명히 알듯이, 그는 참나를 선명히 안다.

16. 무지한 자에게 이름과 형상 등이 선명히 나타나듯이, 아트만만이 안과 바깥 그리고 모든 곳에 빛나는 사람은 매듭을 단절한 사람이다.

17. 이 매듭은 두 겹이다. 하나는 경로들의 매듭이고, 다른 매듭은 마음의 집착이다. 비록 미묘하지만, 지각하는 자는 경로들을 통하여 거친 온 세상을 지각한다.

18. 의식의 빛이 모든 경로들로부터 거두어들여져 지고의 나디 안에만 있을 때, 몸과의 연결이 끊기고 참나로 있게 된다.

अग्नितप्तमयोगोलं दृश्यतेऽग्निमयं यथा ।
स्वविचाराग्निसन्तप्तं तथेदं स्वमयं भवेत् ॥ १९

शरीरादिजुषां पूर्ववासनानां क्षयस्तदा ।
कर्तृत्वमशरीरत्वात्रैव तस्य भविष्यति ॥ २०

कर्तृत्वाभावत: कर्म-विनाशोऽस्य समीरित: ।
तस्य वस्त्वन्तराभावात्संशयानामनुद्भव: ॥ २१

भविता न पुनर्बद्धो विभिन्नग्रन्थिरेकदा ।
सा स्थिति: परमा शक्तिस्सा शान्ति: परमा मता ॥ २२

इति श्रीरमणगीतासु ब्रह्मविद्यायां योगशास्त्रे रमणान्तेवासिनो
वासिष्ठस्य गणपतेरुपनिबन्धे ग्रन्थिभेदकथनं नाम नवमोऽध्याय:

19. 가열된 쇠공이 불공처럼 보이듯이 자기 탐구로 참나 안에 있는 사람의 몸은 빛이 난다.

20. 그때 몸과 프라나와 마음 등에 들어 있는 과거의 경향성들이 파괴된다. (참나 탐구가 결실을 맺으면, 항상 참나의 상태에 머무르기 때문에) 이제 그에게 몸은 존재하지 않는다. 그래서 그는 행위자라는 감각이 없다.

21. 행위자라는 감각이 없기 때문에, 그러한 사람에게는 카르마가 없다고 한다. 참나만이 그에게 존재하기 때문에, 의심이 일어나지 않는다.

22. 일단 연결이 끊어지면, 그 사람은 결코 다시는 몸을 참나로 보는 굴레에 있을 수 없다. 이 상태가 지고의 힘과 평화의 상태이다.

　이것은 라마나의 제자인 바시슈타 가나파티가 기록한 브라만의 과학이자 요가 경전인 슈리 라마나 기타에 있는 '매듭의 단절'이라는 제목의 제9장이다.

제10장

사회

दशमोऽध्यायः

सद्ङ्गविद्या

यतिनो योगनाथस्य महर्षिरमणस्य च ।
दशमेऽत्र निबध्नीमस्संवादं सङ्घहर्षदम् ॥ १

योगनाथ उवाच

साङ्घिकस्य च सङ्घस्य कस्सम्बन्धो महामुने ।
सङ्घस्य श्रेयसे नाथ तमेतं वक्तुमर्हसि ॥ २

भगवानुवाच

ज्ञेयश्शरीरवत्सङ्घस्तत्तदाचारशालिनाम् ।
अङ्गानीवात्र विज्ञेयास्साङ्घिकास्साधुसत्तम ॥ ३

अङ्गं यथा शरीरस्य करोत्युपकृतिं यते ।
तथोपकारं सङ्घस्य कुर्वञ्जयति साङ्घिकः ॥ ४

सङ्घस्य वाङ्मनःकायैरुपकारो यथा भवेत् ।
स्वयं तथाऽऽचरन्नित्यं स्वकीयानपि बोधयेत् ॥ ५

आनुकूल्येन सङ्घस्य स्थापयित्वा निजं कुलम् ।
सङ्घस्यैव ततो भूत्यै कुर्याद्भूतियुतं कुलम् ॥ ६

1. 우리는 사회에 즐거움을 주기 위하여 고행자 요가나타와 마하리쉬 라마나 간의 대화를 10장에서 기록하였다.

요가나타:

2. 오, 위대한 현자시여, 사회와 그 사회의 구성원들 사이의 관계는 무엇입니까? 신이시여, 기도하오니 사회의 안녕을 위하여 이것을 말씀하여 주십시오.

바가반:

3. 오, 사두들 중 최고인 자여, 삶의 다양한 방식을 따르는 사람들로 구성된 사회에서, 사회는 몸이며 구성원들은 수족과 같은 것이다.

4. 오, 고행자여, 수족이 몸에 봉사하듯이, 사회의 구성원은 사회의 선을 위하여 일을 함으로써 번영해야 한다.

5. 사람들은 마음과 말과 몸을 통하여 사회의 이익에 기여해야 한다. 또한 이웃 사람들도 이렇게 하도록 일깨워 줘야 한다.

6. 사회가 번성하도록 자신의 가족 사람들을 격려하여 번성토록 해야 한다.

योगनाथ उवाच

शान्ति केचित्प्रशंसन्ति शक्ति केचिन्मनीषिणः ।
अनयोः को गुणो ज्यायांत्सङ्क्षेमकृते विभो ॥ ७

भगवानुवाच

स्वमनश्शुद्धये शान्तिश्शक्तिस्सङ्घस्य वृद्धये ।
शक्त्या सङ्घं विधायोच्चैश्शान्ति संस्थापयेत्ततः ॥ ८

योगनाथ उवाच

सर्वस्यापि च सङ्घस्य नराणामृषिकुञ्जर ।
गन्तव्यं समुदायेन किं परं धरणीतले ॥ ९

भगवानुवाच

समुदायेन सर्वस्य सङ्घस्य तनुधारिणाम् ।
सौभ्रात्रं समभावेन गन्तव्यं परमुच्यते ॥ १०

सौभ्रात्रेण परा शान्तिरन्योन्यं देहधारिणाम् ।
तदेयं शोभते सर्वा भूमिरेकं गृहं यथा ॥ ११

요가나타:

7. 현자들 가운데서 어떤 이들은 평화를 장려하고, 어떤 이들은 힘을 장려합니다. 오, 신이시여, 이 둘 중 어느 것이 사회의 안녕을 더 향상시킵니까?

바가반:

8. 자신의 마음을 정화하기 위해서는 평화가 요구된다. 사회를 발전시키려면 힘이 필요하다. 사회를 힘으로 일으켜 세우고 난 뒤에는 평화가 자리 잡게 해야 한다.

요가나타:

9. 오, 위대한 현자시여, 이 지상의 인류 사회가 획득해야 할 최고의 목표는 무엇입니까?

바가반:

10. 평등에 바탕을 둔 형제애야말로 온 인간 사회가 이루어야 할 최고의 목표이다.

11. 형제애를 통하여, 평화와 우호 관계가 인류 사이에 퍼질 것이다. 그때 이 행성은 한 가족처럼 번창할 것이다.

अभूत्पञ्चदशे घस्रे संवादस्सोऽयमष्टमे ।
योगनाथस्य यतिनो महर्षेश्च दयावतः ॥ १२

इति श्रीरमणगीतासु ब्रह्मविद्यायां योगशास्त्रे रमणान्तेवासिनो
वासिष्ठस्य गणपतेरुपनिबन्धे सञ्जुविद्या नाम दशमोऽध्यायः

12. 고행자 요가나타와 자비로운 마하리쉬 간의 이 대화는 1917년 8월 5일에 있었다.

이것은 라마나의 제자인 바시슈타 가나파티가 기록한 브라만의 과학이자 요가 경전인 슈리 라마나 기타에 있는 '사회'라는 제목의 제10장이다.

제11장
갸나와 시디들의 양립성

एकादशोऽध्यायः
ज्ञानसिद्धि-सामरस्यकथनम्

षोडशे दिवसे रात्रौ विविक्ते मुनिसत्तमम् ।
गुरुं ब्रह्मविदां श्रेष्ठं नित्यमात्मनि संस्थितम् ॥ १

उपगम्य महाभागं सोऽहं कैतवमानवम् ।
रमणं स्तुतवानस्मि दुर्लभज्ञानलब्धये ॥ २

त्वय्येव परमा निष्ठा त्वय्येव विशदा मति: ।
अम्भसामिव वाराशिर्विज्ञानानां त्वमास्पदम् ॥ ३

त्वं तु सप्तदशे वर्षे बाल्य एव महायश: ।
लब्धवानसि विज्ञानं योगिनामपि दुर्लभम् ॥ ४

सर्वे दृश्या इमे भावा यस्य छायामयास्तव ।
तस्य ते भगवन्निष्ठां को नु वर्णयितुं क्षम: ॥ ५

मज्जतां घोरसंसारे व्यापृतानामितस्तत: ।
दु:खं महत्तितीर्षूणां त्वमेका परमा गति: ॥ ६

1과 2. 16일 밤, 그분이 혼자 계실 때 나는 구루에게 다가갔다. 그는 위대한 현자이시며, 깨달음을 얻은 이들 가운데 가장 뛰어난 분이시며, 참나 안에 항상 계시며, 지금은 인간의 형상을 하고 있는 빛나는 라마나이시다. 나는 얻기 힘든 지식을 얻기 위하여 그분을 찬미하였다.

3. 당신 안에서 참나의 지고의 머물고 있음이 발견됩니다. 당신 안에서 가장 순수한 마음이 발견됩니다. 바다가 모든 물의 저장고이듯이, 당신은 모든 지식의 저장고이십니다.

4. 널리 알려진 바와 같이 17세의 어린 나이에 당신은 요기들조차도 도달하기 어려운 참나 경험을 얻으셨습니다.

5. 오, 신이시여, 보이는 이 모든 대상들이 당신에게 그냥 그림자로 보일진대, 어느 누가 당신의 상태를 묘사할 수 있겠습니까?

6. 끔찍한 생과 사의 바다에 빠져, 이리저리 뒤흔들리면서 이 큰 고통을 넘어서려는 사람들에게, 당신만이 지고의 안식처가 됩니다.

पश्यामि देवदत्तेन ज्ञानेन त्वां मुहुर्मुहुः ।
ब्रह्मण्यानां वरं ब्रह्मन् सुब्रह्मण्यं नराकृतिम् ॥ ७

न त्वं स्वामिगिरौ नाथ न त्वं क्षणिकपर्वते ।
न त्वं वेङ्कटशैलाग्रे शोणाद्रावसि वस्तुतः ॥ ८

भूमिर्विद्यां पुरा नाथ नारदाय महर्षये ।
भवांच्छुश्रूषमाणाय रहस्यामुपदिष्टवान् ॥ ९

सनत्कुमारं ब्रह्मर्षिं त्वामाहुर्वेदवेदिनः ।
आगमानां तु वेत्तारस्सुब्रह्मण्यं सुरर्षभम् ॥ १०

7. 오, 브라만의 상태로 계시는 분이시여, 신이 제게 주신 비전으로 보건대, 저는 당신을 인간의 형상을 하고 있는 브라만을 아는 자들 중에 최고인 수브라마니야(Subrahmanya)[1]로 다시, 또 다시 봅니다.

8. 신이시여, 스와미말라이(Swamimalai)[2]에도, 크샤니카(Kshanika)[3] 산에도, 벤카타찰라(Venkatachala)[4]의 정상에도 당신은 계시지 않습니다. 실제로 당신은 아루나찰라에 계십니다.

9. 오, 신이시여, 고대에 당신은 부마 비디야(bhuma bidya)[5]의 비밀을 제자로서 당신을 섬긴 위대한 현자인 나라다(Narada)에게 가르쳤습니다.

10. 베다 경전들을 아는 이들은 당신이 브라마 리쉬이신 사나타쿠마라(Brahmarshi Sanatkumar)라고 합니다. 아가마(āgama)[6]를 아는 이들은 당신을 신들 중에 가장 강하고 위대한 신인 수브라마니야라고 합니다.

---

1) 인간의 형상을 하고 있는 쉬바의 아들 스칸다.
2) 촐라만달라에 있는 지명 이름.
3) 칸지만달라에 있음. 그 지방에서는 샨티 기리라 불림.
4) 타밀 지방의 북쪽 경계. 이들 성지에서 헌신자들은 수브라마니야 신에게 축복을 내려 달라고 숭배하고 있음.
5) 참나 지식. 챤도기야 우파니샤드 7장은 영원한 아이인 바가반 사나타쿠마라(스칸다)가 나라다에게 참나 지식을 전하는 내용으로 되어 있음. 스칸다가 바로 수브라마니야임.
6) 탄트라.

केवलं नामभेदोऽयं व्यक्तिभेदो न विद्यते ।
सनत्कुमारस्स्कन्दश्च पर्यायौ तव तत्त्वतः ॥ ११

पुरा कुमारिलो नाम भूत्वा ब्राह्मणसत्तमः ।
धर्मं वेदोदितं नाथ त्वं संस्थापितवानसि ॥ १२

जैनैर्व्याकुलिते धर्मे भगवन्द्रविडेषु च ।
भूत्वा त्वं ज्ञानसम्बन्धो भक्तिं स्थापितवानसि ॥ १३

अधुना त्वं महाभाग ब्रह्मज्ञानस्य गुप्तये ।
शास्त्रज्ञानेन संतृप्तैर्निरुद्धस्यागतो धराम् ॥ १४

सन्देहा बहवो नाथ शिष्याणां वारितास्त्वया ।
इमं च मम सन्देहं निवारयितुमर्हसि ॥ १५

ज्ञानस्य चापि सिद्धीनां विरोधः किं परस्परम् ।
उताहो कोपि सम्बन्धो वर्तते मुनिकुञ्जर ॥ १६

11. 오직 이름들만 다를 뿐, 이 사람들은 다르지 않습니다. 실제로 사나타쿠마라와 스칸다가 당신의 이름입니다.

12. 예전에 한 번 당신은 쿠마르릴라(Kumarila)로 태어나셔서, 베다들에 나와 있는 다르마를 다시 세웠습니다.

13. 오, 바가반이시여, 자이나교도들 때문에 사람들이 다르마에 혼란을 일으켰을 때, 당신은 타밀 지방의 드라비데슈에서 갸나삼반다(Jnāna-sambhandha)로 내려오셔서 박티의 길을 세웠습니다.

14. 오, 영광스러운 분이시여, 지금 다시 당신은 오직 경전의 지식에만 만족하는 사람들에 의해 차단되고 있는 브라만의 지식을 보호하기 위해 지구로 돌아오셨습니다.

15. 신이시여, 당신은 제자들이 일으킨 많은 의심들을 없애셨습니다. 제 안의 의심 또한 깨끗이 없애 주소서.

16. 오, 무니(muni)들의 신이시여, 지식과 시디(siddhi)들이 서로 양립하는 것이 불가능합니까? 아니면 둘 사이에 어떤 관계가 있습니까?

मयैवं भगवान्दृष्टो रमणो नुतिपूर्वकम् ।
गभीरया दृशा वीक्ष्य मामिदं वाक्यमब्रवीत् ॥ १७

सहजां स्थितिमारूढ: स्वभावेन दिने दिने ।
तपश्चरति दुर्धर्षं नालस्यं सहजस्थितौ ॥ १८

तपस्तदेव दुर्धर्षं या निष्ठा सहजात्मनि ।
तेन नित्येन तपसा भवेत्याक: क्षणे क्षणे ॥ १९

परिपाकेन काले स्यु: सिद्धयस्तात पश्यत: ।
प्रारब्धं यदि ताभि: स्याद्विहारो ज्ञानिनोऽपि च ॥ २०

यथा प्रपञ्चग्रहणे स्वरूपान्नेतरन्मुने: ।
सिद्धय: क्रियमाणाश्च स्वरूपान्नेतरत्तथा ॥ २१

भवेन्न यस्य प्रारब्धं शक्तिपूर्णोऽप्ययं मुनि: ।
अतरङ्ग इवाम्भोधिर्न किञ्चिदपि चेष्टते ॥ २२

नान्यं मृगयते मार्गं निसर्गादात्मनि स्थित: ।
सर्वासामपि शक्तीनां समष्टि: स्वात्मनि स्थिति: ॥ २३

17. 이렇게 나의 찬양과 질문을 받은 바가반 라마나께서는 나를 깊이 쳐다보시더니 말씀하셨다.

18. 자연스러운 상태에 잘 자리 잡은 사람들은 끊임없이 타파스를 행하고 있다. 사하자 상태에는 나태함이 없다.

19. 참나 안에만 자연스럽게 머무는 것 그 자체는 어려운 고행이다. 바로 그러한 끊임없는 타파스로 매 순간 성숙이 있을 것이다.

20. 이 성숙으로 시간이 흐르면 보는 자에게 시디들이 올 것이다. 그것이 운명이라면, 갸니 역시 시디들을 행할 것이다.

21. 현자들은 세상을 참나로부터 떨어져 있다고 보지 않는다. 시디들을 행할 때라도 그들은 시디들을 참나와 다른 것으로 보지 않는다.

22. 운명이 아니라면, 비록 힘으로 충만하여 있을지라도 현자들은 파도 없는 바다처럼 늘 행위 없이 있다.

23. 자연스러운 상태에 머물고 있는 이는 다른 길을 찾으려 하지 않는다. 참나에 머무는 것이 모든 힘들이다.

अप्रयत्नेन तु तपः सहजा स्थितिरुच्यते ।
सहजायां स्थितौ पाकाच्छक्तीनामुद्भवो मतः ॥ २४

परीवृतोऽपि बहुभिर्नित्यमात्मनि संस्थितः ।
घोरं तपश्चरत्येव न तस्यैकान्तकामिता ॥ २५

ज्ञानं शक्तेरपेतं यो मन्यते नैव वेद सः ।
सर्वशक्तेऽभितः पूर्णे स्वस्वरूपे हि बोधवान् ॥ २६

इति श्रीरमणगीतासु ब्रह्मविद्यायां योगशास्त्रे रमणान्तेवासिनो
वासिष्ठस्य गणपतेरुपनिबन्धे ज्ञानसिद्धिसामरस्यकथनं नाम एकादशोऽध्यायः

24. 노력이 필요 없는 타파스를 사하자 상태라 한다. 사하자 상태가 무르익음으로 여러 힘들이 일어난다.

25. 참나에 늘 확고하게 자리 잡고 있는 사람은 비록 많은 사람들 속에 있을지라도 장엄한 타파스를 행하고 있다. 그에게는 고요한 장소가 필요치 않다.

26. 지식이 힘이 없다고 생각하는 사람들은 아무것도 모르는 사람들이다. 왜냐하면 갸니는 모든 힘의 원천이며 모든 면에서 힘으로 가득한 자신의 참나인 브라만에 자리 잡고 있기 때문이다.

이것은 라마나의 제자인 바시슈타 가나파티가 기록한 브라만의 과학이자 요가 경전인 슈리 라마나 기타에 있는 '갸나와 시디들의 양립성'이라는 제목의 제11장이다.

제12장
샥티

द्वादशोऽध्यायः
शक्तिविचारः

एकोनर्विंशे दिवसे भारद्वाजो महामनाः ।
कपाली कृतिषु ज्यायान्पृच्छद्रमणं गुरुम् ॥ १

कपाल्युवाच

विषयी विषयो वृत्तिरितीदं भगवंस्त्रिकम् ।
ज्ञानिनां पामराणां च लोकयात्रासु दृश्यते ॥ २

अथ केन विशेषेण ज्ञानी पामरतोऽधिकः ।
इमं मे नाथ सन्देहं निवर्तयितुमर्हसि ॥ ३

भगवानुवाच

अभिन्नो विषयी यस्य स्वरूपान्मनुजर्षभ ।
व्यापारविषयौ भातस्तस्याभिन्नौ स्वरूपतः ॥ ४

विभिन्नो विषयी यस्य स्वरूपादभिमानिनः ।
व्यापारविषयौ भातस्तस्य भिन्नौ स्वरूपतः ॥ ५

भेदाभासे विजानाति ज्ञान्यभेदं तु तात्त्विकम् ।
भेदाभासवशं गत्वा पामरस्तु विभिद्यते ॥ ६

1. 19일째 날, 학식이 있는 자들 중 뛰어나며 마음이 고결한 자인 바라드와자 가문의 카팔리가 구루 라마나에게 물었다.

카팔리:

2. 오, 바가반이시여, 일상적인 삶에서 본다면 갸니와 무지한 자 둘 다 주체와 대상 그리고 이 둘을 연결시켜 주는 보는 행위라는 이 셋이 있습니다.

3. 그렇다면 어떤 점에서 갸니가 무지한 사람보다 우월합니까? 오, 신이시여, 저의 이런 의구심을 씻어 주십시오.

바가반:

4. 자신이 참나와 다르지 않은 사람에게는, 대상과 지식도 참나와 다르지 않게 된다.

5. 몸에 집착하고 있는 사람들에게는, 자신은 참나와 다르다. 대상과 지식 역시 참나와 다른 것으로 보인다.

6. 표면상 차이를 보이는 상황에서도, 갸니는 하나임을 지각한다. 표면상의 차이들에 사로잡힌 사람들은 자신을 분리된 존재라 생각한다.

कपाल्युवाच

नाथ यस्मिन्निमे भेदाभासन्ते त्रिपुटीमयाः ।
शक्तिमद्वास्वरूपं तदुताहो शक्तिवर्जितम् ॥ ७

भगवानुवाच

वत्स यस्मिन्निमे भेदा भासन्ते त्रिपुटीमयाः ।
सर्वशक्तं स्वरूपं तदाहुर्वेदान्तवेदिनः ॥ ८

कपाल्युवाच

ईश्वरस्य तु या शक्तिर्गीता वेदान्तवेदिभिः ।
अस्ति वा चलनं तस्यामाहोस्विन्नाथ नास्ति वा ॥ ९

भगवानुवाच

शक्तेस्सञ्चलनादेव लोकानां तात सम्भवः ।
चलनस्याश्रयो वस्तु न सञ्चलति कर्हिचित् ॥ १०

अचलस्य तु यच्छक्तेश्चलनं लोककारणम् ।
तामेवाचक्षते मायामनिर्वाच्यां विपश्चितः ॥ ११

카팔리:

7. 신이시여, 이 셋이 일어나는 바탕인 참나는 샥티(shakti)[1]를 지니고 있습니까? 아니면 없습니까?

바가반:

8. 아이야, 베단타를 아는 이들은 이 세 가지 차이들이 나타나는 바탕인 참나에 모든 힘이 담겨 있다고 한다.

카팔리:

9. 베단타를 아는 이들은 신의 샥티를 찬양합니다. 그것은 동적입니까? 아니면 정적입니까?

바가반:

10. 아이야, 샥티의 움직임 때문에 세상이 출현하게 되었다. 그러나 움직임의 바탕인 실재는 결코 움직이지 않는다.

11. 움직임이 없는 실재에서 나온 샥티의 움직임으로 세상이 만들어졌다. 아는 이들은 이 세상을 마야라 한다.

---

1) 힘.

चञ्चलत्वं विषयिणो यथार्थमिव भासते।
चलनं न नरश्रेष्ठ स्वरूपस्य तु वस्तुतः ॥ १२

ईश्वरस्य च शक्तेश्च भेदो दृष्टिनिमित्तकः ।
मिथुनं त्विदमेकं स्याद्दृष्टिश्चेदुपसंहता ॥ १३

कपाल्युवाच

व्यापार ईश्वरस्यायं दृश्यब्रह्माण्डकोटिकृत् ।
नित्यः किमथवाऽनित्यो भगवान्वक्तुमर्हति ॥ १४

भगवानुवाच

निजया परया शक्त्या चलन्नप्यचलः परः ।
केवलं मुनिसंवेद्यं रहस्यमिदमुत्तमम् ॥ १५

चलत्वमेव व्यापारो व्यापारश्शक्तिरुच्यते ।
शक्त्या सर्वमिदं दृश्यं ससर्ज परमः पुमान् ॥ १६

12. '나'라는 개념이 있는 자에게는 움직임이 실제로 있는 것처럼 보인다. 인간들 중 최고의 존재여! 사실 진정한 존재인 참나에게는 아무런 움직임이 없다.

13. 이원적인 시각 때문에 이슈와라(Ishvara)와 그의 힘이 다른 것으로 보인다. 이 이원적 시각이 근원으로 들어가면, 이 둘은 오직 하나이다.

카팔리:

14. 바가반이시여, 우리 앞에 있는 이 거대한 우주의 원인인 이슈와라의 활동은 영원한 것입니까? 일시적인 것입니까? 선명하게 말씀하여 주십시오.

바가반:

15. 비록 지고의 존재가 그 자신의 지고한 샥티 때문에 움직이는 것으로 보일지라도, 그는 실제로는 움직이지 않는다. 단지 현자만이 이런 심오한 신비를 이해할 수 있다.

16. 움직임은 오로지 활동이며 그 활동을 샥티라 한다. 지고의 신은 자신의 샥티를 통하여 우리가 보는 모든 것을 창조하였다.

व्यापारस्तु प्रवृत्तिश्च निवृत्तिरिति च द्विधा ।
निवृत्तिस्था यत्र सर्वमात्मैवाभूदिति श्रुतिः ॥ १७

नानात्वं द्वैतकालस्थं गम्यते सर्वमित्यतः ।
अभूदिति पदेनात्र व्यापारः कोऽपि गम्यते ॥ १८

आत्मैवेति विनिर्देशाद्विशेषाणां समं ततः ।
आत्मन्येवोपसंहारस्तज्जातानां प्रकीर्तितः ॥ १९

विना शक्ति नरश्रेष्ठ स्वरूपं न प्रतीयते ।
व्यापार आश्रयश्चेति द्विनामा शक्तिरुच्यते ॥ २०

व्यापारो विश्वसर्गादिकार्यमुक्तं मनीषिभिः ।
आश्रयो द्विपदांश्रेष्ठ स्वरूपान्नातिरिच्यते ॥ २१

स्वरूपमन्यसापेक्षं नैव सर्वात्मकत्वतः ।
शक्तिं वृत्तिं स्वरूपं च य एवं वेदवेदसः ॥ २२

17. 활동에는 나타남과 물러남이라는 두 종류가 있다. 베단타 경전에서 '이 모든 것이 참나 그 자체가 되는 곳'이라는 말은 물러남을 언급하는 말이다.

18. '이 모든 것'이라는 말은 이원적인 시각을 지니고 있는 동안에 보이는 많은 것들을 말한다. '되는'이라는 말은 활동을 의미한다.

19. '참나 그 자체'라는 표현은 참나로부터 일어난 다양한 것들은 결국에는 그것 안으로 물러난다는 것을 의미한다.

20. 오, 사람들 중 최고의 사람이여, 참나는 샥티 없이는 이해되지 않는다. 샥티는 활동과 토대라는 두 이름을 가지고 있다.

21. 배운 사람들은 우주의 창조 (유지 그리고 소멸) 같은 일을 활동이라 한다. 오, 최고의 사람이여, 이 셋의 토대는 오로지 참나이다.

22. 참나 그 자체는 모든 것들의 주체이기 때문에, 아무것에도 의존하지 않고 있다. 샥티를 활동이면서 토대라고 이해하는 사람이 바르게 알고 있는 사람이다.

वृत्तेरभावे तु सतो नानाभावो न सिध्यति ।
सत्ता शक्त्यतिरिक्ता चेद् वृत्तेर्नैव समुद्भवः ॥ २३

यदि कालेन भविता जगतः प्रलयो महान् ।
अभेदेन स्वरूपेऽयं व्यापारो लीनवद्भवेत् ॥ २४

सर्वोऽपि व्यवहारोऽयं न भवेच्छक्तिमन्तरा ।
न सृष्टिर्नापि विज्ञानं यदेतत् त्रिपुटीमयम् ॥ २५

स्वरूपमाश्रयत्वेन व्यापारस्सर्गकर्मणा ।
नामभ्यामुच्यते द्वाभ्यां शक्तिरेका परात्परा ॥ २६

लक्षणं चलनं येषां शक्तेस्तेषां तदाश्रयः ।
यत्किञ्चित्परमं वस्तु वक्तव्यं स्यान्नरर्षभ ॥ २७

तदेकं परमं वस्तु शक्तिमेके प्रचक्षते ।
स्वरूपं केऽपि विद्वांसो ब्रह्मान्ये पुरुषं परे ॥ २८

23. 활동이 없으면 참나에게 다양성이 일어날 수 없다. 만약 참나가 샥티를 초월하면, 그때에는 활동이 전혀 일어날 수 없다.

24. 시간이 흘러 우주의 대해체가 일어나면, 이 활동은 하나인 참나 안으로 들어가 가라앉는다.

25. 이 모든 활동은 샥티 없이는 있을 수 없다. 창조도 없고, 주체, 객체 및 인지라는 것도 있을 수 없다.

26. 초월적인 샥티는 토대이기 때문에 참나로, 창조의 행위를 하기 때문에 힘이라는 두 이름을 가지고 있다.

27. 최고의 사람이여! 움직임만이 샥티의 징표라고 생각하는 사람들에게, 토대인 지고의 실재가 있다는 점을 지적해 주어야 한다.

28. 둘이 없는 하나! 그것을 어떤 사람은 샥티라고, 어떤 사람은 참나라고, 어떤 사람은 브라만이라고, 또 어떤 사람은 지고의 인간이라고 부른다.

वत्स सत्यं द्विधा गम्यं लक्षणेन च वस्तुतः ।
लक्षणेनोच्यते सत्यं वस्तुतस्त्वनुभूयते ॥ २९

तस्मात्स्वरूपविज्ञानं व्यापारेण च वस्तुतः ।
ताटस्थ्येन च साक्षाच्च द्विविधं सम्प्रचक्षते ॥ ३०

स्वरूपमाश्रयं प्राहुर्व्यापारं तात लक्षणम् ।
वृत्त्या विज्ञाय तन्मूलमाश्रये प्रतितिष्ठति ॥ ३१

स्वरूपं लक्षणोपेतं लक्षणं च स्वरूपवत् ।
तादात्म्येनैव सम्बन्धस्त्वनयोस्सम्प्रकीर्तितः ॥ ३२

तटस्थलक्षणेनैवं व्यापाराख्येन मारिष ।
यतो लक्ष्यं स्वरूपं स्यान्नित्यव्यापारवत्ततः ॥ ३३

29. 애야, 진리는 두 방법으로 깨닫는다. 하나는 진리가 지니고 있는 내용들을 이해함으로써이고, 다른 하나는 직접적으로 진리를 경험하는 것이다.

30. 그러므로 참나 지식을 소유할 수 있는 방법에는 두 가지 길이 있는데, 하나는 그 참나의 활동을 통해서이고 다른 하나는 그 참나를 경험해 봄으로써이다. 즉 하나는 (간접적으로) 그 존재의 속성들을 통하는 방법이고, 또 다른 하나는 (직접적으로) 그 존재와 하나가 됨으로이다.

31. 애야, 참나는 토대이고, 활동은 그것의 속성을 말한다. 활동을 통하여 활동의 근원을 앎으로, 그 사람은 토대에 확고히 설 수 있다.

32. 참나는 속성들과 함께 하며 속성들은 참나와 함께 한다. 그 둘의 관계는 동일한 하나이다.

33. 참나는 그것의 속성, 말하자면 활동에 의하여 파악되기 때문에, 참나는 영원히 활동적이다.

व्यापारो वस्तुनो नान्यो यदि पश्यसि तत्त्वतः ।
इदं तु भेदविज्ञानं सर्वं काल्पनिकं मतम् ॥ ३४

शक्त्युल्लासाह्वया सेयं सृष्टिः स्यादीशकल्पना ।
कल्पनेयमतीता चेत्स्वरूपमवशिष्यते ॥ ३५

इति श्रीरमणगीतासु ब्रह्मविद्यायां योगशास्त्रे रमणान्तेवासिनो
वासिष्ठस्य गणपतेरुपनिबन्धे शक्तिविचारो नाम द्वादशोऽध्यायः

34. 만약 네가 내면의 눈이 열려 정말로 볼 수 있게 되면, 활동은 다름 아닌 토대이다. 그것들이 다르다는 생각은 상상에서 나온 것이다.

35. 샥티의 유희라 불리는 이 창조는 오직 이슈와라의 생각에서 나온 것이다. 만약 그 생각이 초월된다면, 참나만이 남는다.

이것은 라마나의 제자인 바시슈타 가나파티가 기록한 브라만의 과학이자 요가 경전인 슈리 라마나 기타에 있는 '샥티'라는 제목의 제12장이다.

제13장
여자와 산야사

त्रयोदशोऽध्यायः
संन्यासे स्त्रीपुरुषयोस्तुल्याधिकारनिरूपणम्

अत्रीणामन्वयज्योत्स्ना वसिष्ठानां कुलस्नुषा ।
महादेवस्य जननी धीरस्य ब्रह्मवेदिनः ॥ १

प्रतिमानं पुरन्ध्रीणां लोकसेवाव्रते स्थिता ।
बिभ्राणा महतीं विद्यां ब्रह्मादिविबुधस्तुताम् ॥ २

दक्षिणे विन्ध्यतश्शक्तेस्तारिण्या आदिमा गुरुः ।
तपस्सखी मे दयिता विशालाक्षी यशस्विनी ॥ ३

प्रश्रद्धयेन रमणाह्वयं विश्वहितं मुनिम् ।
अभ्यगच्छद्दुष्टाङ्घ्री निक्षिप्तेन मुखे मम ॥ ४

आत्मस्थितानां नारीणामस्ति चेत्प्रतिबन्धकम् ।
गृहत्यागेन हंसीत्वं किमु स्याच्छास्त्रसम्मतम् ॥ ५

जीवन्त्या एव मुक्ताया देहपातो भवेद्यदि ।
दहनं वा समाधिर्वा कार्यं युक्तमनन्तरम् ॥ ६

1, 2, 3과 4. 성자 아트레야(Atreya) 가문에서 태어난 그 가문의 달빛이며, 바시슈타 혈통과 결혼했으며, (10살의 어린 나이에 바가반 마하리쉬의 은총을 받고) 브라만의 지식을 흔들림 없이 탐구하고 있는 마하데바의 어머니이며, 이상적인 아내이며, 세상을 위한 봉사에 헌신하고 있으며, 현자들에 의해 찬양되어진 훌륭한 슈리 비디야(Sri Vidya)[1]를 실천하며, 타라[2]비디야(Tara Vidya)의 빈디야(Vindhya)산 남쪽 지방의 첫 스승이며, 고행 중인 나의 친구의 아내이며, 대단한 명성을 지니고 있는 비사락쉬(Visalakshi)가 나를 통하여 우주의 친구인 현자 라마나에게 두 가지 질문을 던졌다.

5. 참나에 자리 잡고 있는 가정생활을 하고 있는 여인이 장애들에 부딪치면, 경전들에는 그러한 여인들이 가정의 삶을 떠나 산야시(sannyasi)[3]가 되는 것을 허락합니까?

6. 살아 있는 동안에 해방된 여인이 그녀의 육체를 벗게 된다면, 그녀의 시신을 어떻게 수습해야 합니까? 매장해야 합니까 아니면 화장해야 합니까?

---

1) 위대한 지식의 수행. 브라마와 다른 신들이 극찬함. 그녀는 이것의 숭배자임.
2) 10개의 위대한 우주적 지식의 힘들 중 하나.
3) 힌두 경전에는 삶의 네 단계, 즉 금욕의 삶(Brahmacharya), 가정의 삶(Grihasta), 숲의 삶(Vanaprasta) 그리고 포기의 삶(Sannyasa)을 기술하고 있다.

प्रश्नद्वयमिदं श्रुत्वा भगवानृषिसत्तमः ।
अवोचन्निर्णयं तत्र सर्वशास्त्रार्थतत्त्ववित् ॥ ७

स्वरूपे वर्तमानानां पक्वानां योषितामपि ।
निवृत्तत्वान्निषेधस्य हंसीत्वं नैव दुष्यति ॥ ८

मुक्तत्वस्याऽविशिष्टत्वाद्बोधस्य च वधूरपि ।
जीवन्मुक्ता न दाह्या स्यात्तद्देहो हि सुरालयः ॥ ९

ये दोषा देहदहने पुंसो मुक्तस्य संस्मृताः ।
मुक्तायास्सन्ति ते सर्वे देहदाहे च योषितः ॥ १०

एकविंशेऽह्नि गीतोऽभूदयमर्थो मनीषिणा ।
अधिकृत्य ज्ञानवतीं रमणेन महर्षिणा ॥ ११

इति श्रीरमणगीतासु ब्रह्मविद्यायां योगशास्त्रे रमणान्तेवासिनो
वासिष्ठस्य गणपतेरुपनिबन्धे संन्यासे स्त्रीपुरुषयोस्तुल्याधिकारनिरूपणं नाम
त्रयोदशोऽध्यायः

7. 위대한 현자이시며, 모든 경전들의 핵심을 아시는 바가반은 두 가지 질문을 듣고, 답을 주셨다.

8. 경전들에는 그와 같은 금지가 없다. 수행이 성숙하여 그들의 진정한 자리인 참나에 머물러 있는 여인들이 산야시가 되는 것에 아무런 잘못이 없다.

9. 해방과 참나 지식은 남자와 여자 간에 아무런 차이가 없다. 살아 있을 때 해방을 얻은 여자의 몸은 신의 사원이기 때문에 시신을 화장해서는 안 된다.

10. 생전에 해방된 남자의 몸을 태우면 좋지 않은 결과들이 오듯이, 해방된 여자의 몸을 태워도 마찬가지일 것이다.

11. 1917년 8월 21일에 여성 갸니에 관한 이러한 점들을 현자 라마나 마하리쉬는 밝혔다.

이것은 라마나의 제자인 바시슈타 가나파티가 기록한 브라만의 과학이자 요가 경전인 슈리 라마나 기타에 있는 '여자와 산야사'라는 제목의 제13장이다.

제14장
지반묵티

चतुर्दशोऽध्यायः
जीवन्मुक्तिविचारः

निशायामेकविंशेऽह्नि भारद्वाजो विदांवर: ।
प्राज्ञशिशवकुलोपाधिर्वैदर्भो वदतां वर: ॥ १

जीवन्मुक्तिं समुद्दिश्य महर्षिं परिपृष्टवान् ।
अथ सर्वेषु शृण्वत्सु महर्षिर्वाक्यमब्रवीत् ॥ २

शास्त्रीयैर्लौकिकैश्चापि प्रत्ययैरविचालिता ।
स्वरूपे सुदृढा निष्ठा जीवन्मुक्तिरुदाहृता ॥ ३

मुक्तिरेकविधैव स्यात्प्रज्ञानस्याविशेषत: ।
शरीरस्थं मुक्तबन्धं जीवन्मुक्तं प्रचक्षते ॥ ४

ब्रह्मलोकगतो मुक्तश्श्रूयते निगमेषु य: ।
अनुभूतौ न भेदोऽस्ति जीवन्मुक्तस्य तस्य च ॥ ५

प्राणा: समवलीयन्ते यस्यात्रैव महात्मन: ।
तस्याप्यनुभवो विद्वन्नेतयोरुभयोरिव ॥ ६

1과 2. (1917년 8월) 21일 밤에 쉬바쿨라(Sivakula) 가족에서 태어나, 식자들 사이에서 위대하고 언변에 훌륭했던 인물로 알려져 있던 바라드와자(Bharadwaja) 가문의 바이다르바(Vaidarbha)는 지반묵티(Jivanmukti)에 대하여 마하리쉬에게 질문을 던졌다. 질문을 듣고서, 마하리쉬는 모두가 듣는 앞에서 대답하셨다.

3. 경전적인 지식이나 세상의 생각들에 영향을 받지 않으면서 참나 내에 확고하게 머물러 있는 이가 지반묵티이다.

4. 초월적 자각에는 아무런 차이들이 없다. 따라서 해방은 오직 한 가지 종류만 있을 뿐이다. 몸을 가지고 있으면서 해방을 얻은 자를 지반묵타라 부른다.

5. 지반묵타의 경험과 경전들에서 말하는 브라마로카(Brahmaloka)[1]로 가서 그곳에서 브라만과 하나가 되는 경험, 이 둘의 차이는 없다.

6. 죽음의 순간에 자신의 생명력을 바깥으로 나가지 않게 하고 참나 속으로 흡수되게 하는 위대한 영혼도 위의 둘과 같은 경험을 한다.

---

1) 브라만의 세계.

साम्यात्स्वरूपनिष्ठाया बन्धहानेश्च साम्यतः ।
मुक्तिरेकविधैव स्याद्भेदस्तु परबुद्धिगः ॥ ७

मुक्तो भवति जीवन्यो महात्मात्मनि संस्थितः ।
प्राणाः समवलीयन्ते तस्यैवात्र नरर्षभ ॥ ८

जीवन्मुक्तस्य कालेन तपसः परिपाकतः ।
स्पर्शभावोऽपि सिद्धः स्याद्रूपे सत्यपि कुत्रचित् ॥ ९

भूयश्च परिपाकेन रूपाभावोऽपि सिद्ध्यति ।
केवलं चिन्मयो भूत्वा स सिद्धो विहरिष्यति ॥ १०

शरीरसंश्रयं सिद्ध्योर्द्वयमेतन्नरोत्तम ।
अल्पेनापि च कालेन देवतानुग्रहाद्भवेत् ॥ ११

7. 참나에의 거주는 모두에게 동일한 것이며, 굴레의 파괴 또한 모두에게 동일한 것이기 때문에, 오직 한 종류의 해방만이 있다. 차이는 보는 이들의 마음에서 나온다.

8. 사람들 중에 가장 위대한 이여, 참나 속에 거주하는 위대한 영혼이 살아 있는 동안에 해방을 얻으면, 신체 내에 있던 그의 생명력은 참나 안으로 흡수된다.

9. 타파스의 완숙함 때문에, 지반묵타는 어떠한 경우에는 형상을 지니고 있으면서도 때에 따라 만질 수 없는 경지에 들 수도 있다.

10. 완숙함이 더해 감에 따라, 형태의 사라짐 또한 일어나게 할 수 있다. 그러한 시다들은 그냥 의식이 되며 따라서 자신이 좋아하는 곳으로 갔다 올 수도 있다.

11. 최고의 인간이여! 몸과 관련한 이 두 시니들은 신의 은총을 통하여 곧바로 올 수 있다.

भेदमेतं पुरस्कृत्य तारतम्यं न सम्पदि ।
देहवानशरीरो वा मुक्त आत्मनि संस्थितः ॥ १२

नाडीद्वाराचिराद्येन मार्गेणोर्ध्वगतिर्नरः ।
तत्रोत्पन्नेन बोधेन सद्यो मुक्तो भविष्यति ॥ १३

उपासकस्य सुतरां पक्वचित्तस्य योगिनः ।
ईश्वरानुग्रहात्प्रोक्ता नाडीद्वारोत्तमा गतिः ॥ १४

सर्वेषु कामचारोऽस्य लोकेषु परिकीर्तितः ।
इच्छयानेकदेहानां ग्रहणं चाप्यनुग्रहः ॥ १५

कैलासं केऽपि मुक्तानां लोकमाहुर्मनीषिणः ।
एके वदन्ति वैकुण्ठं परे त्वादित्यमण्डलम् ॥ १६

12. 힘들 간의 차이가 해방에 차이가 있다는 것을 의미하는 것은 아니다. 참나 안에 거주하고 있는 이는 몸이 있든 없든 해방되어 있다.

13. 암리타나디를 통하여 상승하는 이는 곧바로 해방을 얻는다. 왜냐하면 깨달음은 거기에서 일어나기 때문이다.

14. (자기 탐구나 신에 대한 명상으로) 마음이 정화되고 또 강렬하게 수행하는 요기는 신의 은총으로 가장 높은 목표로의 상승이 일어난다.

15. 그는 자신의 의지대로 모든 세상들을 다닐 수 있으며, 원하는 만큼의 육신을 취할 수도 있고 다른 이들에게 은총도 줄 수 있다.

16. 어떤 현자들은 카일라사(Kailāsa)[2]를 해방된 이들이 사는 곳이라고 하며, 다른 이들은 바이쿤타(Vaikunta)[3]라 하고, 또 다른 이들은 태양[4]이라고 한다.

---

2) 쉬바를 숭배하는 이들은 해방된 이들이 카일라사로 간다고 한다.
3) 비슈누를 숭배하는 이들이 말하는 해방을 얻은 영혼이 가는 곳.
4) 태양신이나 베다를 숭배하는 이들의 이상향.

मुक्तलोकाश्च ते सर्वे विद्वन्भूम्यादिलोकवत् ।
चित्रवैभवया शक्त्या स्वरूपे परिकल्पिताः ॥ १७

इति श्रीरमणगीतासु ब्रह्मविद्यायां योगशास्त्रे रमणान्तेवासिनो
वासिष्ठस्य गणपतेरुपनिबन्धे जीवन्मुक्तिविचारो नाम चतुर्दशोऽध्यायः

17. 오, 학식이 있는 자여! 해방된 이들이 산다는 이 모든 세상들도 지구나 다른 행성들과 마찬가지로 샥티의 경이로운 힘에 의하여 만들어져 참나에 투사된 것들이다.

이것은 라마나의 제자인 바시슈타 가나파티가 기록한 브라만의 과학이자 요가 경전인 슈리 라마나 기타에 있는 '지반묵티'라는 제목의 제14장이다.

제15장
스라바나, 마나나, 니디디야사나

पञ्चदशोऽध्यायः
श्रवण-मनन-निदिध्यासन-निरूपणम्

श्रवणं नाम किं नाथ मननं नाम किं मतम् ।
किं वा मुनिकुलश्रेष्ठ निदिध्यासनमुच्यते ॥ १

इत्येवं भगवान्पृष्टो मया ब्रह्मविदां वरः ।
द्वाविंशे दिवसे प्रातरब्रवीच्छिष्यसंसदि ॥ २

वेदशीर्षस्थवाक्यानामर्थव्याख्यानपूर्वकम् ।
आचार्याच्छ्रवणं केचिच्छ्रवणं परिचक्षते ॥ ३

अपरे श्रवणं प्राहुराचार्याद्विदितात्मनः ।
गिरां भाषामयीनां च स्वरूपं बोधयन्ति याः ॥ ४

श्रुत्वा वेदान्तवाक्यानि निजवाक्यानि वा गुरोः ।
जन्मान्तरीयपुण्येन ज्ञात्वा वोभयमन्तरा ॥ ५

अहंप्रत्ययमूलं त्वं शरीरादेर्विलक्षणः ।
इतीदं श्रवणं चित्ताच्छ्रवणं वस्तुतो भवेत् ॥ ६

1. 현자들 혈통의 최고이신, 오, 신이시여, 진리에 관하여 듣는 것인 스라바나, 진리에 관하여 묵상하는 것인 마나나 그리고 그것으로 있는 것인 니디디야사나의 의미하는 바가 무엇입니까?

2. 이러한 나의 질문에, 브라만에 대하여 아는 분들 가운데 최고이신 분인 슈리 바가반께서 1917년 8월 22일의 아침에 제자들과 함께 하는 자리에서 말씀하셨다.

3. 어떤 이들은 진리에 관하여 듣는 것을, 스승이 베단타 경전들을 의미와 주석을 곁들여 설명하는 것을 듣는 것이라고 한다.

4. 다른 이들은 진리에 관하여 듣는 것이란 참나를 경험한 스승이 그 자신의 언어와 말로 참나의 내용을 설명하는 것을 듣는 것이라고 한다.

5와 6. 베단타 경전이나 자신의 본성에 대한 스승의 말을 듣거나, 혹은 이 둘이 아니더라도 과거 삶에서 얻은 미덕으로, '나' 생각의 뿌리는 몸 및 마음과는 다르다고 선언하는 자신의 가슴의 말을 듣는 것, 이것이 정말로 진리를 듣는 것이다.

वदन्ति मननं केचिच्छास्त्रार्थस्य विचारणम् ।
वस्तुतो मननं तात स्वरूपस्य विचारणम् ॥ ७

विपर्यासेन रहितं संशयेन च मानद ।
कैश्चिद्ब्रह्मात्मविज्ञानं निदिध्यासनमुच्यते ॥ ८

विपर्यासेन रहितं संशयेन च यद्यपि ।
शास्त्रीयमैक्यविज्ञानं केवलं नानुभूतये ॥ ९

संशयश्च विपर्यासो निवार्येते उभावपि ।
अनुभूत्यैव वासिष्ठ न शास्त्रशतकैरपि ॥ १०

शास्त्रं श्रद्धावतो हन्यात्संशयं च विपर्ययम् ।
श्रद्धायाः किञ्चिदूनत्वे पुनरभ्युदयस्तयोः ॥ ११

मूलच्छेदस्तु वासिष्ठ स्वरूपानुभवे तयोः ।
स्वरूपे संस्थितिस्तस्मान्निदिध्यासनमुच्यते ॥ १२

7. 어떤 이들은 진리에 관하여 묵상하는 것을 경전의 의미를 탐구하는 것이라 한다. 실제로 참나 안으로의 탐구가 진리를 묵상하는 것이다.

8. 어떤 이는 의심이나 오해 없이 자신과 브라만이 같다는 지적인 확신을 참나에 있는 것이라 한다.

9. 이러한 진리에 관한 경전적인 지식이 의심이나 오해로부터 자유롭게 하더라도, 그것 자체로는 경험을 주지 않는다.

10. 오, 바시슈타여, 의심이나 오해는 수백 권의 경전에 의해서가 아니라 오로지 경험을 통하여 사라진다.

11. 믿음을 가진 자의 의심이나 오해는 경전들에 의해 없애질 수 있다. 그러나 믿음이 조금이라도 약해지면 의심이나 오해는 다시 나타난다.

12. 오, 바시슈타여, 참나가 경험될 때, 이 둘은 마침내 뿌리가 뽑힌다. 그래서 참나에 머무는 것이 진리로서 머무는 것이다.

बहिस्सञ्चरतस्तात स्वरूपे संस्थितिं विना ।
अपरोक्षो भवेद्बोधो न शास्त्रशतचर्चया ॥ १३

स्वरूपसंस्थिति: स्याच्चेत्सहजा कुण्डिनर्षभ ।
सा मुक्ति: सा परा निष्ठा स साक्षात्कार ईरित: ॥ १४

इति श्रीरमणगीतासु ब्रह्मविद्यायां योगशास्त्रे रमणान्तेवासिनो
वासिष्ठस्य गणपतेरुपनिबन्धे श्रवणमनननिदिध्यासननिरूपणं नाम
पञ्चदशोऽध्याय:

13. 나의 아이여, 참나 속에 머물지 않고 마음이 배회하고 있을 때, 수백 권의 경전들을 공부한다 하더라도 직접적인 깨달음은 오지 않을 것이다.

14. 오, 위대한 카운디니야(Kaundinya)여, 만약 참나에 확고한 머무름이 자연스러워지면, 이것이 자유이며 지고의 상태이다. 그리고 이것을 직접적인 깨달음이라 한다.

이것은 라마나의 제자인 바시슈타 가나파티가 기록한 브라만의 과학이자 요가 경전인 슈리 라마나 기타에 있는 '스라바나, 마나나, 니디디야사나'라는 제목의 제15장이다.

제16장
박티

षोडशोऽध्यायः
भक्तिविचारः

अथ भक्तिं समुद्दिश्य पृष्टः पुरुषसत्तमः ।
अभाषत महाभागो भगवान् रमणो मुनिः ॥ १

आत्मा प्रियःसमस्तस्य प्रियं नेतरदात्मनः ।
अच्छिन्ना तैलधारावत्प्रीतिर्भक्तिरुदाहृता ॥ २

अभिन्नं स्वात्मतः प्रीत्या विजानातीश्वरं कविः ।
जानन्नप्यपरो भिन्नं लीन आत्मनि तिष्ठति ॥ ३

वहन्ती तैलधारावद्याप्रीतिः परमेश्वरे ।
अनिच्छतोऽपि सा बुद्धिं स्वरूपं नयति ध्रुवम् ॥ ४

परिच्छिन्नं यदात्मानं स्वल्पज्ञं चापि मन्यते ।
भक्तो विषयिरूपेण तदा क्लेशनिवृत्तये ॥ ५

व्यापकं परमं वस्तु भजते देवताधिया ।
भजंश्च देवताबुद्ध्या तदेवान्ते समश्नुते ॥ ६

1. 그 다음에, 신에 대한 사랑에 대하여 질문을 받고 사람 중에 최고이신 대단히 상서로운 바가반 라마나 마하리쉬께서 이렇게 말씀하셨다.

2. 참나는 모두에게 귀하다. 참나만큼 귀한 것은 없다. 기름의 흐름과 같이 끊어지지 않는 사랑이 박티이다.

3. 사랑을 통하여 현자는 신이 바로 자신의 참나와 다르지 않다는 것을 알게 된다. 신이 자신과 다르다는 입장을 지니고 있는 헌신자들도 자신을 신에게 복종시킴으로 참나 속으로 들어가게 된다.

4. 참나를 바라지 않더라도 사랑이 기름의 흐름처럼 끊어지지 않은 채 신에게 흐르면 그 사람의 마음은 어쩔 수 없이 참나에게로 나아간다.

5와 6. 하나의 지고의 실재가 여러 이름들과 형상들을 지닌 다양한 우주로 나타나 있다는 것을 알지 못하고 자신을 한정된 개인이라 생각하고서, 고통으로부터 구원받기 위하여 모든 곳에 퍼져 있는 지고의 존재 대신에 특정한 이름들과 모습들을 지닌 신을 숭배해도 결국에 그는 오로지 지고의 신에게 도달한다.

देवताया नरश्रेष्ठ नामरूपप्रकल्पनात् ।
ताभ्यां तु नामरूपाभ्यां नामरूपे विजेष्यति ॥ ७

भुक्तौ तु परिपूर्णायामलं श्रवणमेकदा ।
ज्ञानाय परिपूर्णाय तदा भक्तिः प्रकल्पते ॥ ८

धाराव्यपेता या भक्तिः सा विच्छिन्नेति कीर्त्यते ।
भक्तेः परस्याः सा हेतुर्भवतीति विनिर्णयः ॥ ९

कामाय भक्तिं कुर्वाणः कामं प्राप्याप्यनिर्वृतः ।
शाश्वताय सुखायान्ते भजते पुनरीश्वरम् ॥ १०

भक्तिः कामसमेताऽपि कामाप्तौ न निवर्तते ।
श्रद्धा वृद्धा परे पुंसि भूय एवाभिवर्धते ॥ ११

7. 최고의 사람이여, 지고의 신에게 특정한 이름들과 형상들을 덧붙이더라도, 그 사람은 그 이름들과 형상들을 통하여 모든 이름들과 형상들을 넘어서게 된다.

8. 헌신이 완전해지면, 한 번 듣는 것만으로 충분하다. 왜냐하면 그것이 완전한 지식을 주기 때문이다.

9. 물처럼 이어지지 않는 헌신을 끊기는 박티라 한다. 이것조차도 나중에 지고의 박티가 될 것이다.

10. 욕망을 성취하기 위하여 헌신을 하는 자는 그 욕망의 성취로 끝나지 않는다. 그는 영원한 행복을 얻기 위하여 신에게 헌신하기를 계속한다.

11. 욕망을 동반한 헌신을 할지라도, 그 박티는 욕망의 성취로 끝나지 않는다. 신에 대한 믿음이 생기며 그것이 계속 증가하게 된다.

वर्धमाना च सा भक्तिः काले पूर्णा भविष्यति ।
पूर्णयापरया भक्त्या ज्ञानेनेव भवं तरेत् ॥ १२

इति श्रीरमणगीतासु ब्रह्मविद्यायां योगशास्त्रे रमणान्तेवासिनो
वासिष्ठस्य गणपतेरुपनिबन्धे भक्तिविचारो नाम षोडशोऽध्यायः

12. 이렇게 성장하면 박티는 마침내 완벽해진다. 이 완벽하고 지고로운 박티를 통하여, 그 사람은 갸나에서와 같이 세상의 바다를 넘어선다.

이것은 라마나의 제자인 바시슈타 가나파티가 기록한 브라만의 과학이자 요가 경전인 슈리 라마나 기타에 있는 '박티'라는 제목의 제16장이다.

제17장
갸나의 성취

सप्तदशोऽध्यायः
ज्ञानप्राप्तिविचारः

पञ्चविंशे तु दिवसे वैदर्भो विदुषां वर: ।
प्रश्रयावनतो भूत्वा मुनिं भूयोऽपि पृष्टवान् ॥ १

वैदर्भ उवाच

क्रमेणायाति किं ज्ञानं किञ्चित्किञ्चिद्दिने दिने ।
एकस्मिन्नेव काले किं पूर्णमाभाति भानुवत् ॥ २

भगवानुवाच

क्रमेणायाति न ज्ञानं किञ्चित्किञ्चिद्दिने दिने ।
अभ्यासपरिपाकेन भासते पूर्णमेकदा ॥ ३

वैदर्भ उवाच

अभ्यासकाले भगवन् वृत्तिरन्तर्बहिस्तथा ।
यातायातं प्रकुर्वाणा याते किं ज्ञानमुच्यते ॥ ४

भगवानुवाच

अन्तर्याता मतिर्विद्वन्बहिरायाति चेत्पुन: ।
अभ्यासमेव तामाहुर्ज्ञानं ह्यनुभवोऽच्युत: ॥ ५

1. 1917년 8월 25일 학식이 있는 사람들 중에서도 뛰어난 자인 바이다르바가 현자 앞에서 겸손하게 절을 하며 다시 질문을 하였다.

바이다르바:
2. 갸나는 매일 조금 조금씩 점차적으로 옵니까? 아니면 태양처럼 모든 충만함 안에서 섬광처럼 갑자기 옵니까?

바가반:
3. 갸나는 매일 조금 조금씩 점차적으로 오지 않는다. 수행이 성숙하면 갸나는 갑자기 빛난다.

바이다르바:
4. 바가반이시여! (자기 탐구를) 수행하는 동안에 나라는 생각이 때로는 안으로 향하고 때로는 밖으로 향합니다. '나' 생각이 안으로 들어가는 것을 갸나라고 합니까?

바가반:
5. 오, 배운 자여. 일단 안으로 들어온 마음이 다시 바깥으로 나간다면, 그것은 단지 수행일 뿐이다. 갸나는 정말이지 없어지지 않는 경험이다.

वैदर्भ उवाच

ज्ञानस्य मुनिशार्दूल भूमिकाः काश्चिदीरिताः ।
शास्त्रेषु विदुषां श्रेष्ठैः कथं तासां समन्वयः ॥ ६

भगवानुवाच

शास्त्रोक्ता भूमिकास्सर्वा भवन्ति परबुद्धिगाः ।
मुक्तिभेदा इव प्राज्ञ ज्ञानमेकं प्रजानताम् ॥ ७

चर्यां देहेन्द्रियादीनां वीक्ष्यारब्धानुसारिणीम् ।
कल्पयन्ति परे भूमीस्तारतम्यं न वस्तुतः ॥ ८

वैदर्भ उवाच

प्रज्ञानमेकदा सिद्धं सर्वाज्ञाननिबर्हणम् ।
तिरोधत्ते किमज्ञानात्सङ्गादङ्कुरितात्पुनः ॥ ९

바이다르바:

6. 현자들 중의 현자시여! 위대한 학자들은 경전에 갸나에도 여러 단계들[1]이 있다고 말하고 있습니다. 그것들은 어떻게 이해해야 합니까?

바가반:

7. 오, 현명한 자여, 경전들에서 말하고 있는 갸나의 단계들은 해방의 구분처럼 사람들의 마음에서 만들어진 것이다. 아는 이들에게는 갸나는 하나이다.

8. 프라랍다 카르마(prārabdha karma)[2]에 따라 일어나는 몸과 감각 및 마음에서 일어나는 움직임을 관찰하고서 단계들이 있다고 상상한다. 실제로 갸나에는 아무런 단계들이 없다.

바이다르바:

9. 모든 무지를 사라지게 하는 참나 지식이 얻어지면, 집착 등에서 나온 무지로 참나 지식이 또 다시 사라질 수 있습니까?

---

1) 일곱 차크라나 깨어 있음, 꿈, 수면 등과 같은 단계.
2) 이미 시작된 행위들.

भगवानुवाच

अज्ञानस्य प्रतिद्वन्द्वि न पराभूयते पुनः ।
प्रज्ञानमेकदा सिद्धं भरद्वाजकुलोद्वह ॥ १०

इति श्रीरमणगीतासु ब्रह्मविद्यायां योगशास्त्रे रमणान्तेवासिनो
वासिष्ठस्य गणपतेरुपनिबन्धे ज्ञानप्राप्तिविचारो नाम सप्तदशोऽध्यायः

바가반:

10. 오, 바라드와자 가문의 빛이여, 무지의 반대쪽인 자기 자신의 지고의 지식이 얻어지면 그것을 이겨낼 수 있는 것은 아무것도 없다.

이것은 라마나의 제자인 바시슈타 가나파티가 기록한 브라만의 과학이자 요가 경전인 슈리 라마나 기타에 있는 '갸나의 성취'라는 제목의 제17장이다.

제18장
시다들의 영광

अष्टादशोऽध्यायः
सिद्धमहिमानुकीर्तनम्

वरपराशरगोत्रसमुद्भवं
    वसुमतीसुरसङ्ख्ययशस्करम् ।
विमलसुन्दरपण्डितनन्दनं
    कमलपत्रविशालविलोचनम् ॥ १

अरुणशैलगताश्रमवासिनं
    परमहंसमनञ्जनमच्युतम् ।
करुणया दधतं व्यवहारितां
    सततमात्मनि संस्थितमक्षरे ॥ २

अखिलसंशयवारणभाषणं
    भ्रममदद्विरदाङ्कुशवीक्षणम् ।
अविरतं परसौख्यधृतोद्यमं
    निजतनूविषयेष्वलसालसम् ॥ ३

परिणताम्रफलप्रभविग्रहं
    चलतरेन्द्रियनिग्रहसग्रहम् ।
अमृतचिद्घनवल्लिपरिग्रहं
    मितवचोरचितागमसङ्ग्रहम् ॥ ४

1. 위대한 파라사라[1] 가문에서 순결한 순다라 판디트의 아들로 태어난 라마나는 연꽃잎같이 사랑스러운 큰 눈을 가지고 있었으며, 지상의 신들에게 명성을 얻었다.

2. 아루나찰라 아쉬라마의 거주자요, 변함없고 흠 없는 파라마함사[2]인 그는 늘 참나 안에 거주하고 있지만, 우주적 사랑에서 나온 활동을 한다.

3. 그의 말들은 그에게 보호를 구하는 이들의 모든 의심을 일소한다. 안쿠사(Ankusa)[3]와 같은 그의 일견은 미친 코끼리 같은 미혹한 정신을 제어한다. 그는 자신의 몸의 요구에는 극히 무관심하면서도 타인의 행복을 위해서는 늘 적극적이다.

4. 그의 몸은 잘 익은 망고처럼 빛난다. 변덕스러운 감각들의 확고한 지배자인 그는 거대한 순수 의식인 불사(不死)의 발리(Valli)[4]와 혼인을 하였다. 그는 몇 마디의 말로 모든 경전의 본질을 진한다.

---

1) 베다 시대의 위대한 현자. 베다를 편집한 베다 비야사의 아버지.
2) 신비로운 새. 실재와 비실재를 구분하여 실재에 자리 잡고 있는 현자를 기리기 위해서 이 용어를 씀.
3) 코끼리를 제어하기 위하여 사용하는 날카로운 도구.
4) 수브라마니야의 배우자들 중 하나. 라마나와 의식은 분리할 수 없다는 의미임.

제18장_ 시다들의 영광

अमलदीप्ततरात्ममरीचिभि
  र्निजकरैरिव पङ्कजबान्धवम् ।
पदजुषां जडभावमनेहसा
  परिहरन्तमनन्तगुणाकरम् ॥ ५

मृदुतमं वचने दृशि शीतलं
  विकसितं वदने सरसीरुहे ।
मनसि शून्यमहश्शशिसन्निभे
  हृदि लसन्तमनन्त इवारुणम् ॥ ६

अदयमात्मतनौ कठिनं व्रते
  परुषचित्तमलं विषयव्रजे ।
ऋषिमरोषमपेतमनोरथं
  धृतमदं घनचिल्लहरीवशात् ॥ ७

विगतमोहमलोभममभावनं
  शमितमत्सरमुत्सविनं सदा ।
भवमहोदधितारणकर्मणि
  प्रतिफलेन विनैव सदोद्यतम् ॥ ८

5. 순수하고 눈부신 빛으로 그는 태양처럼 적절한 시기에 그의 헌신자들의 우둔함을 맑게 해 준다. 그는 상서로운 자질들의 무진장한 보고이다.

6. 그의 말은 매우 부드러우며, 시선은 시원스럽고 동정심이 가득하다. 그의 얼굴은 활짝 핀 연꽃과 같다. 그의 마음은 대낮에 떠있는 달처럼 비어 있다. 그는 하늘의 태양처럼 가슴 속에서 빛난다.

7. 자신의 육체에 초연하고, 엄격하게 규칙을 지키며, 감각의 즐거움을 싫어하는 그는 의식의 기쁨을 마시며 분노나 욕망이 없는 현인이다.

8. 미혹, 탐욕, 산란한 생각과 시기로부터 자유로운 그는 보상과 무관하게 다른 이들이 세상의 바다를 건너는 것을 도와주려는 데 늘 활발하다.

माता ममेति नगराजसुतोरुपीठं
    नागानने भजति याहि पिता ममेति ।
अङ्कं हरस्य समवाप्य शिरस्यनेन
    संचुम्बितस्य गिरिरन्धकृतो विभूतिम् ॥ ९

*वेदादिपाकदमनोत्तरकच्छपेशै-
    र्युक्तैर्धराधरसुषुप्त्यमरेश्वरैश्च ।
सूक्ष्मामृतायुगमृतेन सहप्रणत्या
    सम्पन्नशब्दपटलस्य रहस्यमर्थम् ॥ १०

दण्डं विनैव यतिनं बत दण्डपाणि
    दुःखाब्धितारकमरिं बत तारकस्य ।
त्यक्त्वा भवं भवमहो सततं भजन्तं
    हंसं तथापि गतमानससङ्गरागम् ॥ ११

9. 가나파티가 파르바티의 무릎 위에 앉아 "어머니는 나의 것이다."라고 말할 때, 수브라마니야는 "상관없다. 아버지는 나의 것이다."라고 응수하며, 쉬바의 무릎 위에 앉음으로 쉬바의 입맞춤을 받았다. 자신의 창으로 카룬차 산[5]을 찔러 부수어 버린 수브라마니야로부터, 라마나는 영광스러운 현현(顯現)을 하고 있었다.

10. 그는 '옴 바차드부베 나마하(Om vachadbhuve namah)'[6]라는 만트라의 신비스러운 의미이다.

11. 그는 지팡이[7]를 들고 있지 않은 모습을 하고 있지만 그는 지팡이를 들고 있다. 그는 고통스러운 윤회의 바다를 건네주는 타라카(Taraka)[8]이지만 그는 타라카의 적이다. 그는 바바(bhava)[9]를 버렸지만 그는 늘 바바(Bhava)[10]의 숭배자이다. 그는 함사(Hamsa)[11]이지만 그는 맘사(mamsa)[12]에 대한 집착이 없다.

---

5) 수브라마니야에 의해 죽은 악마가 산의 모습을 하고 다시 나타나자, 수브라마니야는 자신의 창으로 그 산을 찔러 부수어 버렸다.
6) 말씀의 근원인 브라만의 불에게 경배를 드리오니!
7) 산야사를 받아 황토색 옷을 입은 고행자들은 지팡이를 들고 있다.
8) 강이나 바다를 건네준다는 것과 악마 타라카라는 두 의미를 지니고 있음.
9) 세상의 존재.
10) 쉬바.
11) 백조, 깨달은 존재.
12) 마음.

धीरत्वसम्पदि सुवर्णगिरेरनूनं
  वारांनिधेरधिकमेव गभीरतायाम् ।
क्षान्तौ जयन्तमचलामखिलस्य धात्रीं
  दान्तौ निदर्शनमशान्तिकथादविष्ठम् ॥ १२

नीलारविन्दसुहृदा सदृशं प्रसादे
  तुल्यं तथा महसि तोयजबान्धवेन ।
ब्राह्म्यां स्थितौ तु पितरं वटमूलवासं
  संस्मारयन्तमचलन्तमनूदितं मे ॥ १३

यस्याधुनापि रमणी रमणीयभावा
  गीर्वाणलोकपृतना शुभवृत्तिरूपा ।
संशोभते शिरसि नापि मनोजगन्ध-
  स्तत्तादृशं गृहिणमप्यधिपं यतीनाम् ॥ १४

12. 확고부동함에서 그는 메루 산[13]에 비길 만하다. 그는 바다보다 더 깊어 깊이를 헤아릴 수 없으며, 모든 것을 지탱하고 유지시켜 주는 어머니 지구보다 더 인내하고 있으며, 자기 통제의 모범이며, 희열의 본성에 있기에 마음의 소동으로부터 멀리 떨어져 있다.

13. 은총을 베푸는 데 있어서는 그는 푸른 백합의 친구인 달과 같고, 빛남에서는 연꽃의 친구인 태양과 같고, 브라만의 상태에서는 그의 아버지의 한 분이신, 인도 보리수나무 아래에 앉아 있었던 닥쉬나무르티[14]를 연상시킨다. 나의 이 동생은 바위처럼 견고하며 바다처럼 고요한 채로 있다.

14. 지금조차도 사랑스러운 시선과 마음을 지닌 데바세나(Devasena)[15]가 상서로운 생각의 형상 속에서, 천 개의 연꽃잎으로 덮인 그의 머리에서 빛나고 있다. 그러나 그는 조금의 욕망의 향기로부터도 자유롭다. 그는 가정을 가지고 있지만 고행자들의 왕이다.

---

13) 산과 달, 심지어 신들조차도 메루 산을 시계 방향으로 돈다고 한다. 그래서 진지한 구도자들은 라마나 주위를 돌곤 한다.
14) 젊은 고행자의 모습을 취한 쉬바. 침묵 중에 영적 가르침을 전한 첫 영적 스승.
15) 수브라마니야의 아름다운 배우자들 중 하나. 발리는 의식을 상징하며 데바세나는 순수한 마음을 상징한다. 그녀는 아름다움과 사랑을 전하고 있지만 욕망이란 전혀 없다.

वन्दारुलोकवरदं नरदन्तिनोऽपि
    मन्त्रेश्वरस्य महतो गुरुतां वहन्तम् ।
मन्दारवृक्षमिव सर्वजनस्य पाद-
    च्छायां श्रितस्य परितापमपाहरन्तम् ॥ १५

यस्तन्त्रवार्तिकमनेकविचित्रयुक्ति-
    संशोभितं निगमजीवनमाततान ।
भट्टस्य तस्य बुधसंहतिसंस्तुतस्य
    वेषान्तरं तु निगमान्तवचो विचारि ॥ १६

*वेदशीर्षचयसारसङ्ग्रहं
    पञ्चरत्नमरुणाचलस्य यः ।
गुप्तमल्पमपि सर्वतोमुखं
    सूत्रभूतमतनोदिमं गुरुम् ॥ १७

देववाचि सुतराममशिक्षितं
    काव्यगन्धरहितं च यद्यपि ।
ग्रन्थकर्मणि तथाऽपि संस्फुर
    द्वर्षितानुचरभावसञ्चयम् ॥ १८

15. 헌신자들에게 은총을 주는 자이며, 만트라들을 통달한 위대한 가나파티의 구루이며, 천상의 만다라 나무와 같은 그는 그의 밭밑의 그늘을 찾는 모든 이들이 지니고 있는 고뇌를 지워 준다.

16. 그는 독창적인 생각들로 빛나는 여러 학자들에 의해 찬양받고 있는, '탄트라 바르티카(Tantra Vartika)'의 저자이며, 베다들 전체를 지속케 한 자인 쿠마르릴라 바티[16]의 화신이다. 그러나 그는 이번의 탄생에서는 오로지 베단타의 가르침을 밝혀내고 있다.

17. 그는 금언(sutras)처럼 짧지만 베단타의 숨겨진 의미 모두를 담고 있는 '아루나찰라 판차 라트나(Arunachala Pancha Ratna)'[17]를 지은 마스터이다.

18. 신성한 언어인 산스크리트를 전혀 배우지 않았고 시를 조금도 경험한 적이 없었지만, 그는 영감에 의한 표현 뒤에 따라오는 빛나는 아이디어가 떠오르는 작품들의 저자이다.

---

16) 베다의 진리를 다시 확립한 자. 그러므로 그는 베다 종교의 생명의 호흡과 같은 분이다.
17) 아루나찰라에 관한 다섯 보석.

लोकमातृकुचदुग्धपायिन-
    श्शङ्करस्तवकृतो महाकवे: ।
द्राविडद्विजशिशोर्नटद्गिरो
    भूमिकान्तरमपारमेधसम् ॥ १९

भूतले त्विह तृतीयमुद्भवं
    क्रौञ्चभूमिधररन्ध्रकारिण: ।
ब्रह्मनिष्ठितदशाप्रदर्शना-
    द्युक्तिवादतिमिरस्य शान्तये ॥ २०

कुम्भयोनिमुखमौनिपूजिते
    द्राविडे वचसि विश्रुतं कविम् ।
दृष्टवन्तमजरं परं मह:
    केवलं धिषणया गुरुं विना ॥ २१

19. 무한한 천재요 시의 거장인 그는 우주의 어머니의 젖을 마시고는 쉬바를 찬양하며 춤추고 노래하였던 타밀 브라민 아이[18]가 이 지상에 다시 태어난 것이다.

20. 이것이 옛날 옛적에 크라운차 산을 찔러 부수어 버렸던 신의 지구상의 세 번째 출현이다. 지금의 그는 브라만 안에 거주하는 살아 있는 모범을 보임으로써 경전의 지식에 매달리고 있는 사람들의 어둠을 소멸시키러 와 있다.

21. 그는 아가스티야(Agastya)[19]와 다른 현자들에 의해 숭배되고 있는 언어인 타밀어로 명성을 날리는 시인이다. 구루의 도움이 없이 그는 영원한 지고의 빛을 내면에서 스스로 보았다.

---

18) 갸나 삼반다르를 지칭함. 그는 세 살 때 쉬바의 아내 파르바티의 젖을 먹고 참나를 노래하는 위대한 시인이 되었다.
19) 유명한 타밀 문법학자.

बालकेऽपि जडगोपकेऽपि वा
    वानरेऽपि शुनि वा खलेऽपि वा ।
पण्डितेऽपि पदसंश्रितेऽपि वा
    पक्षपातरहितं समेक्षणम् ॥ २२

शक्तिमन्तमपि शान्तिसंयुतं
    भक्तिमन्तमपि भेदवर्जितम् ।
वीतरागमपि लोकवत्सलं
    देवतांशमपि नम्रचेष्टितम् ॥ २३

एष यामि पितुरन्तिकं ममा-
    न्वेषणं तु न विधीयतामिति ।
संविलिख्य गृहतो विनिर्गतं
    शोणशैलचरणं समागतम् ॥ २४

ईदृशं गुणगणैरभिरामं
    प्रश्रयेण रमणं भगवन्तम् ।
सिद्धलोकमहिमानमपारं
    पृष्टवानमृतनाथयतीन्द्रः ॥ २५

22. 소년, 우둔한 소 치는 사람, 원숭이나 개, 악당, 학자나 헌신자 등 모든 존재 안에서 그는 같은 참 존재를 보았으며 또 그 모든 존재들을 평등하게 본다.

23. 평화로 가득 차 있으면서도 힘으로 가득 차 있는, 차별감이 없으면서도 헌신으로 가득 차 있는, 세상의 모든 존재들을 사랑하면서도 집착으로부터 자유로운, 신으로 나타나면서도 겸손한 행동을 하는.

24. "이것은 아버지가 계시는 곳으로 갑니다. 나를 찾으려 하지 마십시오."라는 메시지를 남기고 집을 떠나 아루나찰라 산기슭에 도착하였다.

25. 좋은 자질의 부를 행복하게 지닌 바가반 라마나에게 고행자 암리타나타 야틴드라(Amritanatha Yatindra)는 겸손하게 시다들의 무한한 영광에 관하여 물었다.

आह तं स भगवानगवासी
    सिद्धलोकमहिमा तु दुरूहः ।
ते शिवेन सदृशाः शिवरूपाः
    शक्नुवन्ति च वराण्यपि दातुम् ॥   २६

इति श्रीरमणगीतासु ब्रह्मविद्यायां योगशास्त्रे रमणान्तेवासिनो
वासिष्ठस्य गणपतेरुपनिबन्धे सिद्धमहिमानुकीर्तनं नाम अष्टादशोऽध्यायः

26. 성산에 거주하고 계시는 슈리 바가반은 그에게 대답했다. "시다들의 영광은 상상 너머에 있다. 그들은 쉬바와 같다. 정말이지 그들은 바로 쉬바의 모습이다. 그들은 모든 기도에 응답할 수 있는 능력을 지니고 있다."

이것은 라마나의 제자인 바시슈타 가나파티가 기록한 브라만의 과학이자 요가 경전인 슈리 라마나 기타에 있는 '시다들의 영광'이라는 제목의 제18장이다.

अनुबन्ध: १
अरुणाचलपञ्चरत्नम्

करुणापूर्णसुधाब्धे
    कबलितघनविश्वरूपकिरणावल्या ।
अरुणाचलपरमात्म-
    न्नरुणो भव चित्तकञ्जसुविकासाय ॥ १

त्वय्यरुणाचल सर्वं
    भूत्वा स्थित्वा प्रलीनमेतच्चित्रम् ।
ह्र्द्यहमित्यात्मतया
    नृत्यसि भोस्ते वदन्ति हृदयं नाम ॥ २

अहमिति कुत आयाती-
    त्यन्विष्यान्तः प्रविष्ट्याऽत्यमलधिया ।
अवगम्य स्वं रूपं
    शाम्यत्यरुणाचल त्वयि नदीवाब्धौ ॥ ३

त्यक्त्वा विषयं बाह्यं
    रुद्धप्राणेन रुद्धमनसाऽन्तस्त्वाम् ।
ध्यायन्पश्यति योगी
    दीधितिमरुणाचल त्वयि महीयन्ते ॥ ४

त्वय्यर्पितमनसा त्वां
    पश्यँत्सर्वं तवाकृतितया सततम् ।
भजतेऽनन्यप्रीत्या
    स जयत्यरुणाचल त्वयि सुखे मग्नः ॥ ५

    इति श्रीपाराशर्यस्य भगवतो ब्रह्मर्षेराचार्य
    रमणस्य दर्शनं अरुणाचलपञ्चरत्नम्

श्रीमद्रमणमहर्षे-
    दर्शनमरुणाचलस्य देवगिरा ।
पञ्चकमार्यागीतौ
    रत्नं त्विदमौपनिषदं हि ॥

अनुबन्ध: २

मन्त्रोद्धार:

वेदादि: प्रणव: । पाकदमनादिन्द्रबीजाल्लकारादुत्तरो वकार: पाकदमनोत्तर उच्यते । कच्छपेश: कूर्मेशनामकरुद्रस्य बीजं चकार: । तै:, ओं वच इत्येतैरक्षरै: । धराधर: पर्वतबीजं दकार: । सुषुप्तिनिद्रानामकशक्तेर्बीजं भकार: । अमरेश्वर: अमरेश्वरनामकरुद्रस्य बीजं उकार: । तैर्युक्तै: द्बु इत्येतेनाक्षरेणेति यावत् । सूक्ष्मामृता सूक्ष्मामृतानामकशक्तेर्बीजं एकार: । तद्युक् तद्युक्तं, अमृतं तोयबीजं तेन वे इत्यक्षरेण । प्रणत्या नम: इति पल्लवेन च सह मिलित्वा सम्पन्नशब्दपटलस्य, ओं वचद्बुवे नम: इति मन्त्रस्य । रहस्यं तत्त्ववेतृभिरेव ज्ञातुं शक्यं अर्थं वाच्यभूतं । रमणं भगवन्तं अमृतनाथयतीन्द्र: पृष्टवानित्युत्तरेणान्वय: । एवं च भगवतो गुरोर्मन्त्र: ओं वचद्बुवे नम: इति पर्यवस्यति ।

—गुरुमन्त्रभाष्यम्

ॐ

슈리 라마나 기타

지은이 라마나 마하리쉬 | 가나파티 편집
옮긴이 김병채
초판1쇄 발행일 2006년 4월 28일
초판4쇄 발행일 2021년 6월 25일

펴낸이 황정선
출판등록 2003년 7월 7일 제62호
펴낸곳 슈리 크리슈나다스 아쉬람
주소 경남 창원시 의창구 북면 신리길 35번길 12-9
대표 전화 (055) 299-1399
팩시밀리 (055) 299-1373
전자우편 krishnadass@hanmail.net

홈페이지 www.krishnadass.com

ISBN 978-89-91596-08-5 03270
Printed in Korea

* 잘못된 책은 바꾸어 드립니다